# 어린이 과학 형사대
# CSI 22

 CSI, 서로를 알아 가다!

# 어린이 과학 형사대 CSI ㉒

초판 1쇄 발행 | 2013년 6월 12일
초판 12쇄 발행 | 2020년 9월 30일

지은이 | 고희정
그린이 | 서용남
감  수 | 곽영직(수원대학교 물리학과 교수)

펴 낸 곳 | (주)가나문화콘텐츠
펴 낸 이 | 김남전
편 집 장 | 유다형
편   집 | 이보라
디 자 인 | 정란
마 케 팅 | 정상원 한웅 정용민 김건우
경영관리 | 임종열 김하은

출판 등록 | 2002년 2월 15일 제10-2308호
주   소 | 경기도 고양시 덕양구 호원길 3-2
전   화 | 02-717-5494(편집부) 02-332-7755(관리부)
팩   스 | 02-324-9944
홈페이지 | ganapub.com
이 메 일 | ganapub@naver.com

ⓒ 고희정, 서용남 2013

ISBN 978-89-5736-570-0 (74400)
     978-89-5736-440-6 (세트)

* 책값은 뒤표지에 표시되어 있습니다.
* 이 책의 내용을 재사용하려면 반드시 저작권자와 (주)가나문화콘텐츠 양측의 동의를 얻어야 합니다.
* 잘못된 책은 구입하신 서점에서 바꾸어 드립니다.
* '가나출판사'는 (주)가나문화콘텐츠의 출판 브랜드입니다.

이 도서의 국립중앙도서관 출판시도서목록(CIP)은 서지정보유통지원시스템 홈페이지(http://seoji.nl.go.kr)와
국가자료공동목록시스템(http://www.nl.go.kr/kolisnet)에서 이용하실 수 있습니다.(CIP제어번호: CIP2013006645)

- 제조자명 : (주)가나문화콘텐츠
- 주소 및 전화번호 : 경기도 고양시 덕양구 호원길 3-2 / 02-717-5494
- 인쇄일 : 2020년 9월 25일
- 제조국명 : 대한민국
- 사용연령 : 4세 이상 어린이 제품

# 어린이 과학 형사대
# CSI 22

 CSI, 서로를 알아 가다!

글 고희정 | 그림 서용남
감수 곽영직(수원대학교 물리학과 교수)

## 주인공 소개

- **은하수** (지구과학 형사)
  부끄러움도 잘 타고 무서운 것도 많고 눈물도 잘 흘리는 아이. 하지만 자기가 원하는 것만은 똑똑히 얘기한다.

- **한마리** (생물 형사)
  엄마의 뺑소니 교통사고 장면을 목격한 아이. 아픈 과거에도 긍정적이고 밝은 성격으로 자라 뺑소니범을 잡겠다고 다짐한다.

- **강태산** (물리 형사)
  한국인 아빠와 일본인 엄마 사이에서 태어난 아이. 잘생긴 얼굴과 기타 실력 덕분에 인기가 많지만 늘 삐딱하게 행동한다.

- **고차원** (화학 형사)
  아는 게 많은 만큼 잘난 척도 무진장 심한 아이. 스스로 잘났다고 생각해 얄밉기도 하지만 알고 보면 어리바리하다.

## CSI

### CSI 1기 형사들

- 한영재  · 이요리  · 반달곰  · 나혜성

### CSI 2기 형사들

- 황수리  · 양철민  · 신태양  · 강별

### 형사 학교 학생들

- 최운동  · 장원소  · 소남우  · 송화산

### 어린이 형사 학교 선생님들

- 공차심 교장  · 어수선 형사  · 신기한 형사

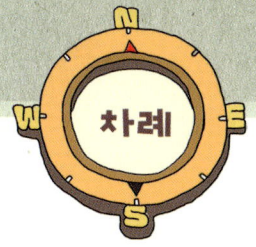

# 차례

- 학교생활을 시작하다! 6

**사건 1**  백골 사체의 한을 풀다! 12
  핵심 과학 원리 – 우리 몸의 뼈
  마리가 들려주는 사건 해결의 열쇠 48

**사건 2**  반점의 원인을 찾아라! 52
  핵심 과학 원리 – 분자와 분자량
  차원이가 들려주는 사건 해결의 열쇠 88

**사건 3**  금은방 털이범을 추적하라! 92
  핵심 과학 원리 – GPS
  하수가 들려주는 사건 해결의 열쇠 130

**사건 4**  무인도 생존의 법칙 134
  핵심 과학 원리 – 전기 저항
  태산이가 들려주는 사건 해결의 열쇠 170

- 조금씩 가까워지다 174

- 특별 활동 : CSI, 함께 놀며 훈련하다! 180

- 찾아보기 190

핵심 과학 원리 | 우리 몸의 뼈

# 사건 1

# 백골 사체의 한을 풀다!

"그런데 왜 찾으라고 하셨어요?"
"연습해 본 거지. 그리고 또 모르잖아. 뭔가 나올지도."
맙소사! 결국 첫 번째 현장 수사는
아무것도 못 건지고 허탕만 치고 말았다.

## 💀 현장 수업을 가다

　아침 운동이 끝나면 아이들은 샤워를 하고 아침 식사를 한다. 그리고 9시부터 오후 4시까지는 수업. 아이들의 교육 과정은 어 교감이 짰다. 1학년이기 때문에 물리, 화학, 생물, 지구과학 네 분야에 대한 전문 지식과 과학수사에 관한 기초 수업, 그리고 수영, 태권도 등을 배우는 체력 단련 시간이 있다. 그 외에 '현장 수사론'은 어 교감이, '범죄 심리학'은 신 형사가 맡아 가르쳤다. 그런데 신 형사의 범죄 심리학 수업은 첫 시간부터 독특했다.

　"모두 책상 위로 올라가 가부좌를 하세요."

　아침마다 옥상에서 가부좌를 하고 도를 닦는다더니 그 비법을 전수하려는 걸까? 그나저나 도를 닦는 것과 범죄 심리학이 무슨 관련이 있단 말인가.

　"눈을 감고 크게 심호흡을 하세요. 몸과 마음이 편안해지는 걸 느껴 보세요."

　신 형사는 명상 음악을 틀며 말을 이었다.

　"범죄 심리학은 다른 사람의 마음을 읽는 학문입니다. 하지만 다른 사람의 마음을 읽기 위해서는 먼저 자신의 마음을 읽을 수 있어야 합니다. 이제 머릿속의 복잡한 잡념을 다 털어 버리고, 자기 자신에 집중하세요."

그렇게 한 달이 지났다. 신 형사의 수업은 아직도 대부분의 시간을 명상하는 데 보내고 있다. 신 형사는 정말 이름 그대로 '신기한' 형사다. 아이들에게 항상 존댓말을 쓰고 말도 아주 천천히 했다. 아니, 꼭 필요한 말 외에는 거의 말을 하지 않았다. 항상 어수선한 어수선 교감과는 너무도 달랐다.

하여간 아이들은 매일 공부하랴, 체력 단련하랴, 명상하랴 바쁜 시간을 보냈다. 그러던 어느 날 아침, 다 같이 모여 뉴스를 볼 때였다.

"경기도 양산의 한 야산에서 백골 사체가 발견됐습니다."

"아이참, 현장 수사론은 저런 데 직접 나가서 배워야 되는 거 아냐?"

차원이가 아쉬운 듯 말했다.

'현장 수사론'은 어 교감이 진행하는 수업이다. 그동안 수사 현장에서 갖춰야 할 자세나 현장 수사 방법 등 이론만 배웠는데, 차원이는 그게 좀 불만이었다. 솔직히 CSI가 되면 곧바로 현장에 투입되어 멋지게 사건을 해결할 줄 알았는데 한 달이 넘도록 하루 종일 공부만 하고 있으니 점점 따분하게 느껴졌다.

곧 수업 시작을 알리는 종소리가 울렸다. 마침 첫 수업이 바로 현장 수사론이었다. 그런데 수업을 시작하자마자 어 교감이 말했다.

"다 모였지? 따라와."

모두들 무슨 일인가 궁금해하며 따라가 보니 주차장이었다. 순간, 차원이의 눈이 반짝했다!

"혹시 진짜 현장 수업 가는 거예요?"

어 교감이 씩 웃으며 대답했다.

"어떻게 알았어?"

"정말요? 아싸!"

완전 신 난 고차원. 마리와 하수도 기대되는 표정인데, 태산이만 전혀 흥미가 없어 보였다.

##  백골 사체를 만나다

"어, 여기는?"

그러나 아이들은 곧 실망하고 말았다. 도착한 곳이 사건 현장이 아닌 과학수사연구소였기 때문이다.

'으, 또 이론 수업이잖아.'

차원이는 현장에 나가 멋지게 실력 발휘를 하고 싶었는데 아쉬웠다. 어 교감을 따라 아이들이 들어간 곳은 부검실이었다.

"꺅~!"

부검실에 들어서자마자 하수가 놀라 소리치며 태산이 뒤로 숨었다. 마리도 머리카락이 쭈뼛 서는 느낌이 들었다. 눈앞에 부패되어 거의 뼈만 남은 참혹한 시신이 놓여 있었기 때문이다. 태산이와 차원이도 긴장한 표정이 역력했다.

그때였다. 문이 열리며 부검의가 들어왔다. 어 교감이 소개했다.

"인사드려라. 부검의, 최상민 박사님이시다."

"아, 안녕하세요?"

아직 놀란 게 가시지 않아 더듬거리며 인사하자 최 박사는 재미있다는 듯 웃었다.

"하하하. 겁먹을 거 없어. 좀 더 가까이 와서 보렴."

가까이에서 보니 더 참혹했다. 수업 시간에, 현장에서 발견된 시신의 사진과 부검 과정을 찍은 동영상을 수없이 봤는데도 직접 눈으로 보는 것은 그 강도가 달랐다.

"어떡해."

하수가 다시 울먹이며 태산이 뒤로 숨었다. 태산이는 성가신 듯한 표

정을 지었다.

'저렇게 겁이 많아서 어떻게 CSI를 하겠다고.'

차원이는 그런 하수가 창피했다. 하지만 최 박사는 하수를 안심시키며 말했다.

"곧 괜찮아질 거다. 나도 처음엔 무서웠는데 자꾸 보다 보면 익숙해지더라고. 지금은 '도대체 이 사람은 무슨 이유로 이렇게 처참하게 죽었을까' 하는 생각에 측은한 마음까지 든단다."

하수는 마음을 가다듬고 천천히 앞으로 나왔다. 하지만 시신을 똑바로 쳐다볼 용기는 나지 않았다. 어 교감이 말했다.

"어제 오후 경기도 양산의 한 야산에서 발견된 시신이다."

차원이는 아까 아침에 본 뉴스가 떠올랐다. 바로 그 시신이었다.

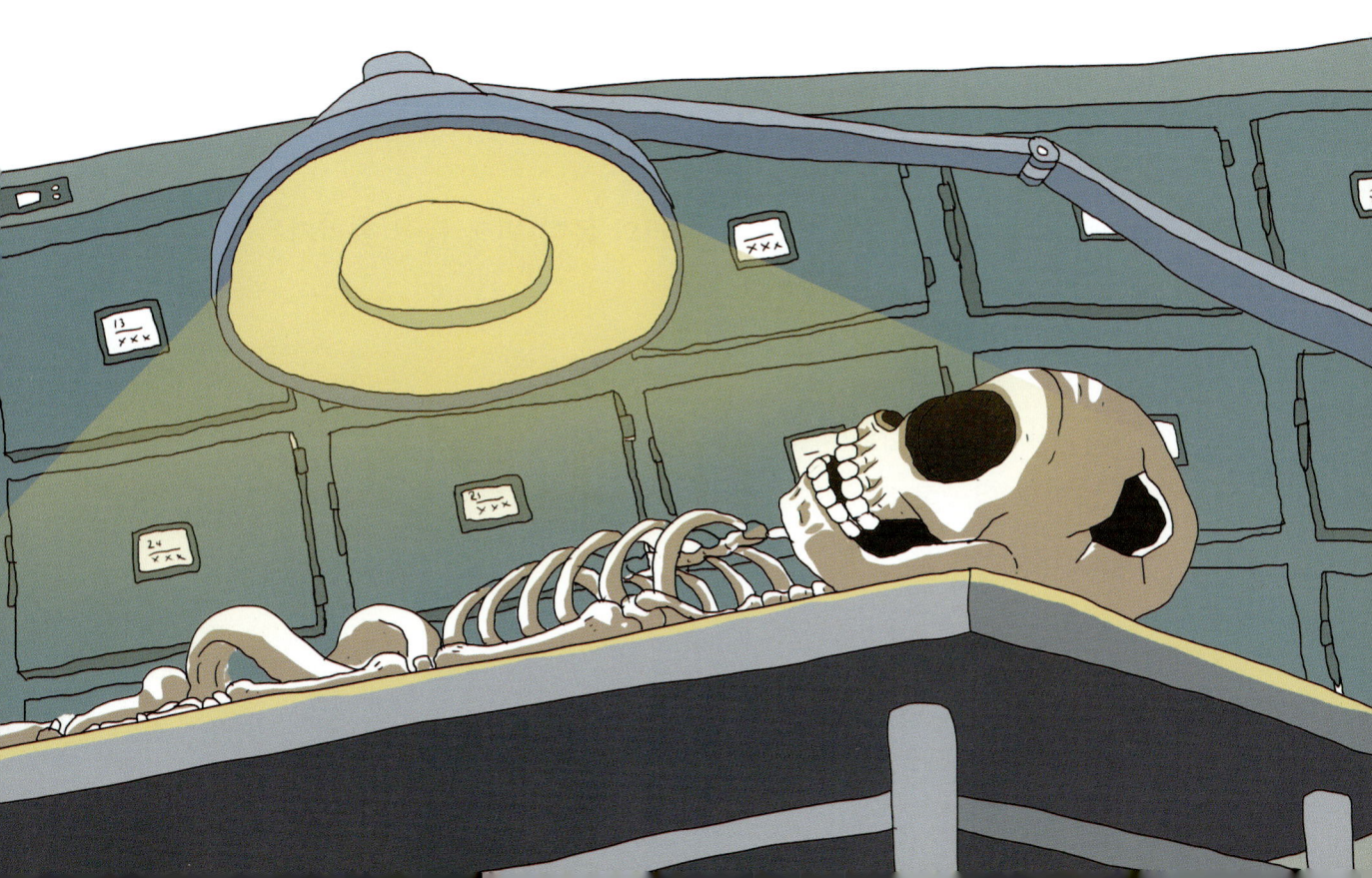

"먼저 부검 결과를 말해 줄게. 나이는 30세에서 35세 정도로 추정되고, 성별은 여자. 키는 160~165cm 정도. 부패 상태로 봐서 사망한 지 2년 이상 지난 게 분명하다. 직접적인 사망 원인은 머리뼈 골절이고, 다리에 있는 골절로 봐서 교통사고를 당한 걸로 보이는구나."

최 박사의 설명에 차원이가 아는 척을 했다.

"그럼 뺑소니 사건이란 말이네요?"

"그래. 교통사고를 낸 후 시신을 산에 묻고 도주했을 가능성이 높지."

'뺑소니 사건'이라는 말에 마리는 번쩍 생각나는 장면이 있었다.

겨울이었다. 마리는 일곱 살이었고, 한밤중에 따뜻한 붕어빵이 먹고 싶었다. 엄마를 조른 끝에 엄마와 함께 붕어빵을 사러 큰길에 나갔다. 그런데 신 나서 앞서 가던 마리가 그만 손에 쥐고 나온 작은 구슬을 떨어뜨렸다. 데굴데굴 굴러가는 구슬……. 그걸 잡으려고 따라가는 마리……. 정말 순식간이었다.

"마리야!"

엄마의 다급한 목소리가 들리고, 마리의 몸이 번쩍 들어 올려지는 게 느껴졌다. 다음 순간, 퍽!

"꺅!"

마리는 자기도 모르게 비명을 지르고 말았다. 모두 놀라 마리를 쳐다봤다. 마리의 얼굴이 하얗게 질려 있었다. 어 교감이 다급하게 물었다.

"마리야, 괜찮니?"

마리는 정신이 없는 듯 아무 대답도 하지 못했다. 최 박사가 말했다.

"일단 밖으로."

어 교감이 마리를 데리고 나가자 최 박사가 하수에게도 말했다.

"너도 나가도 돼."

하수는 창피했다. 하지만 시신을 더 이상 보고 싶지 않아 얼른 밖으로 나갔다.

부검실 안에 남은 아이는 차원이와 태산이뿐이었다. 차원이는 창피했다. 아무리 초보라고 해도 명색이 CSI인데, 백골 사체 하나에 놀라 이 난리를 치다니! 말 그대로 굴욕이라고 생각했다.

어 교감은 마리를 로비의 소파에 앉히고 따라 나온 하수에게 말했다.

"하수야, 마리 좀 부탁한다."

"네."

어 교감이 다시 들어간 뒤에 하수가 마리에게 물었다.

"괜찮아?"

백골 사체의 한을 풀다! 21

마리는 살짝 고개를 끄덕였다. 하지만 아직도 머릿속에는 아까 생각난 끔찍한 장면이 생생했다.

차원이는 썰렁해진 분위기를 바꾸고 CSI의 자존심을 좀 세워야겠다고 생각했다. 그래서 열심히 질문하기 시작했다.

"그런데 피해자가 여자라는 건 어떻게 알았어요? 아, 옷이랑 신발!"

차원이가 증거물 함에 든 원피스와 운동화를 가리켰다. 사체는 거의 부패되고 뼈만 남았지만 옷이나 신발은 부패되는 데 훨씬 오랜 시간이 걸린다. 그리고 피해자의 복장은 성별과 사건이 일어난 계절을 알려 줄 뿐만 아니라, 범인의 흔적이 남아 있는 경우도 많기 때문에 아주 중요한 증거물이 된다.

얇은 소재의 원피스를 입고 있었던 걸로 봐서 피해자는 초여름에 사고를 당하고 암매장된 게 분명했다. 최 박사는 고개를 끄덕였다.

"맞아. 하지만 성별은 뼈만 보고도 알 수 있단다. 남녀를 구별하는 결정적인 단서는 바로 엉덩이뼈와 머리뼈지. 키가 비슷한 남자와 여자를 비교하면 여자의 엉덩이뼈가 남자보다 넓거든."

"그렇구나! 그럼 머리뼈는 어떻게 다른데요?"

차원이가 재미있어하며 물었다.

"14세 이전에는 머리뼈로 성별을 구별하긴 힘들어. 하지만 14세 이후라면 확실하게 구별되지. 남자의 머리뼈는 눈썹 부분의 튀어나온 뼈와 턱뼈, 눈구멍이 여자보다 더 두드러지게 발달되어 있거든."

차원이가 다시 물었다.

"그럼 아까 피해자의 나이가 30세에서 35세 정도로 추정된다고 하셨잖아요? 나이는 어떻게 아셨어요?"

"우선 뼈들이 맞물리는 단계의 특징으로 알아낼 수 있지. 긴뼈의 양 끝은 연골로 이어져 있는데 30세 정도가 되면 그런 연결 부위가 사라지고 뼈들이 하나로 맞물리거든. 또 아래턱의 각도도 나이에 따라 달라진단다. 갓 태어난 아기는 보통 170도지만 영구치가 다 날 때쯤에 100도까지 줄어들었다가 다시 커져서 35세쯤 되면 110도 정도, 55세 때는 120도, 70세에는 130도 정도가 되지. 그 외에도 위팔뼈나 넓적다리뼈 등의 변화를 조사하면 대략의 나이를 알 수 있어."

"그럼 키는요?"

궁금한 게 정말 많은 고차원. 최 박사는 또랑또랑한 눈으로 쉴 새 없이 질문을 쏟아 내는 차원이가 귀여워 웃었다.

"하하하, 그 녀석 참. 이렇게 뼈가 그대로 다 남아 있는 경우는 전체 길이에 약 10cm를 더하면 키를 알 수 있지. 사망하면 뼈가 수축되거든. 하지만 뼈가 다 남아 있지 않아도 긴뼈 하나만으로 죽은 사람의 키를 계산하는 공식이 있어서 그 공식에 대입하면 키를 추정할 수 있단다. 넓적다리뼈의 길이를 알면, 그 길이에 3.9를 곱하면 되지. 이 시신의 경우 전체 뼈의 길이는 153.5cm. 거기에 10cm를 더하면, 오차를 고려해 키는 160~165cm 정도로 추정할 수 있지."

차원이는 열심히 고개를 끄덕이며 들었다. 그러나 옆에 있는 태산이는 듣는 둥 마는 둥 관심이 없는 얼굴이었다. 차원이가 다시 물었다.

"시신의 신원은 밝혀졌나요?"

최 박사는 고개를 저었다.

"아직. 거의 백골 상태라 지문이 남아 있지 않고 또 신원을 확인할 다른 증거물도 없거든."

그때였다.

"광대뼈 축소술을 받았네요."

어 교감이었다. 부검실에 다시 들어온 줄도 몰랐는데 어느새 시신을 유심히 보고 있었다. 최 박사는 장난스런 표정으로 대답했다.

"에이, 그건 비밀로 하려고 했는데. 하하하."

그러자 어 교감이 웃으며 말했다.

"아주 깨끗하게 잘 됐는데요. 비싼 데서 했나 봐요."

"딩동댕! 바로 그겁니다. 하하하."

최 박사가 경쾌하게 대답했다.

비싼 데서 한 것 같다는데 바로 그거라니. 차원이는 어 교감과 최 박사가 주고받는 말들을 이해할 수 없었다. 다시 물어보려는데 어 교감이 먼저 인사해 버렸다.

"감사합니다."

아이들도 덩달아 인사를 하고 나올 수밖에 없었다.

하수와 마리는 로비에서 기다리고 있었다. 둘 다 많이 진정돼 보였지만 미안한 마음이 얼굴에 다 드러났다. 마리가 먼저 사과했다.

"죄송해요."

"저도요."

하수도 고개를 숙이자, 어 교감이 빙긋 웃으며 대답했다.

"괜찮아. 처음엔 다 그런 거야. 자, 가자."

하지만 마리와 하수는 창피하고 미안한 생각이 쉽게 가시지 않았다.

> **광대뼈 축소술이란?**
>
> 광대뼈 축소술은 돌출된 광대뼈의 크기를 줄여 주는 수술이야. 입 안이나 옆얼굴 또는 두피를 자른 후, 광대뼈를 자르거나 갈아서 광대뼈의 앞이나 옆 모양을 변화시키는 거지. 하지만 이는 수술 후에도 계속 피가 나고 붓거나 아래턱 또는 얼굴의 신경이 손상될 수도 있는 아주 위험한 수술이야. 그러니까 전문의와 상의하고 꼭 필요한 경우에만 하는 게 좋아.

## 💀 진짜 현장에 가다

학교로 돌아가는 줄 알았는데, 어 교감은 다른 곳으로 차를 몰았다. 도착한 곳은 바로 백골 사체를 발견한 현장. 공사 때문에 산을 깎다 발견한 터라 여기저기에 굴착기와 공사 장비들이 세워져 있었고, 사체가 발견된 곳에는 출입 금지선이 쳐져 있었다.

어 교감이 명령했다.

"자, 진짜 사건 현장이다. 수업 시간에 다 가르쳐 줬으니까 배운 대로 한번 해 봐."

이 순간을 기다려 온 차원이가 재빨리 차 트렁크에서 과학수사 키트를 꺼내더니 장갑을 끼고 증거물을 찾을 준비를 했다. 하수도 차원이를 따라 했다.

"큰 도로에서도, 마을에서도 꽤 떨어진 야산이네요. 동네 사람들 말고는 이런 산이 있는지도 잘 모를 것 같은데, 특별히 여기에 암매장한 이유가 뭘까요?"

마리가 주변을 둘러보며 물었다.

"글쎄? 뭘까?"

어 교감이 되묻자 마리는 의견을 말했다.

"제 생각엔 이곳을 잘 아는 사람이 범인일 것 같아요. 피해자도 이 동네 사람일 수도 있고요. 실종자가 있는지 알아볼까요?"

"좋아. 마리랑 태산이는 그거 알아보고 차원이랑 하수는 여기에서 증거물을 더 찾아봐. 시간은 한 시간이다. 시작!"

어 교감의 명령에 아이들은 마음이 급해졌다. 차원이와 하수가 증거물을 찾기 위해 출입 금지선 안으로 들어갔다. 아무리 급해도 사건 현장에서 꼭 지켜야 할 두 가지는 바로 현장을 훼손하지 않는 것과 자신의 흔적을 남기지 않는 것. 차원이와 하수는 수업 시간에 배운 대로 증거물을 찾기 시작했다.

"우리도 가자."

마리가 태산이에게 말하자, 태산이는 의아한 표정으로 물었다.

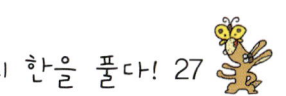

"어디?"

"경찰서부터 가야지."

마리가 앞장서자 태산이도 뒤를 따랐다. 경찰서에 도착한 마리는 똑 부러지는 말투로 자신이 누군지 밝히고 사건을 담당하는 형사를 만나러 왔다고 말했다. 한 형사가 나서며 대답했다.

"이민혁 형사 담당인데, 지금은 조사 나가고 없어."

"그럼 최근 3년간 근처 마을에서 실종된 사람은 없었나요?"

"실종된 사람? 아, 혹시 그 사람의 시신인가 해서?"

"네. 시신이 발견된 곳이 동네 사람들이나 알 법한 야산이라서요."

형사가 대답했다.

"그야 벌써 이민혁 형사가 조사했지. 옆 마을에서 한 사람이 실종되긴 했는데 그 사람은 아니야. 나이가 59세인 데다 6개월 전에 실종된 사람이거든."

부검의가 피해자의 나이를 30~35세 정도로 추정했고, 사망 후 2년 이상 지났다고 했으니 그 사람은 아닌 게 분명하다. 게다가 사건을 담당하고 있는 형사가 벌써 조사를 다 끝냈다니 괜히 뒷북친 꼴이 됐다. 나름대로 열심히 추리한 건데 마리는 힘이 좀 빠졌다.

막 경찰서를 나올 때였다. 여태껏 딴짓만 하던 태산이가 혼잣말처럼 중얼거렸다.

"성형외과부터 찾아봐야 되는 거 아닌가?"

"성형외과? 왜?"

그러나 태산이는 그냥 휙 지나가 버렸다. 마리는 답답했지만 다시 묻지는 않았다. 다시 물어도 대답하지 않을 게 뻔하기 때문이다. 마리와 태산이가 허탕을 치고 현장으로 돌아왔을 때까지도 차원이와 하수는 열심히 증거물을 찾고 있었다.

"뭐 좀 나온 거 있어?"

"아니."

마리의 물음에 하수가 고개를 저으며 대답했다. 차원이는 꽤 약이 오른 표정이었다. 중요한 단서가 될 만한 증거물을 꼭 찾아내고 싶었는데, 아무리 뒤져도 나오는 게 없으니 답답할 수밖에. 그때 어 교감이 나타나 말했다.

"한 시간 다 됐다. 가자!"

"아직 아무것도 못 찾았는데요."

차원이가 아쉬운 듯 말했다.

"당연하지. 담당 형사들이 샅샅이 다 뒤져 갔을 테니."

뭐야! 그럼 아무것도 안 나올 걸 알고도 아이들에게 찾으라고 했단 말인가. 차원이가 벌게진 얼굴로 물었다.

"그런데 왜 찾으라고 하셨어요?"

"연습해 본 거지. 그리고 또 모르잖아. 뭔가 나올지도."

맙소사! 결국 첫 번째 현장 수사는 아무것도 못 건지고 허탕만 치고 말았다.

##  피해자는 누구일까?

방 안에 들어오자마자 하수는 그대로 침대로 쓰러졌다. 눈물이 났다.

처음 본 시신의 끔찍한 모습이 정말 놀랍고 무서웠다. 피하고만 싶었고, 결국 피하고 말았다. 그리고 그런 자신의 모습이 한없이 초라하고 바보같이 느껴졌다.

'난 자격이 없는 게 아닐까?'

절대 안 된다는 엄마를 설득해 CSI가 됐다. 무엇이든 열심히 하는 건 자신 있었기 때문에 열심히 하면 잘할 수 있을 거라 생각했다. 하지만 갑자기 자신이 없어졌다.

기타 소리가 들렸다. 태산이가 치는 기타 소리. 하수는 아까 태산이 뒤에 숨었을 때 자신을 보던 태산이의 얼굴이 떠올랐다.

'내가 얼마나 한심했을까?'

하수는 창피함에 얼굴이 화끈거리고 하염없이 눈물이 났다.

그 시간, 마리도 울고 싶은 심정이었다. 뺑소니 사건이라는 말을 듣자마자 떠오른 일곱 살 때의 기억. 장면 하나하나가 생생하게 떠올라 가슴이 무너져 내리는 것 같았다. 하지만 마리는 마음을 다잡았다.

'뺑소니 사건의 범인을 잡기 위해 CSI가 됐으니까 약해질 수 없어.'

다시는 오늘같이 피하지 않을 거라 다짐했다.

저녁을 먹은 뒤 신 형사가 아이들을 불러 모았다.

"10년 전부터 2년 전까지 강남의 유명 성형외과 몇 곳에서 광대뼈 축소술을 받은 여성들의 명단이에요. 30세에서 35세 사이만 뽑은 거죠. 전화해 보고 연락 안 되는 사람을 체크해 주세요."

신 형사가 내민 서류를 보더니 차원이가 눈이 동그래져 물었다.

"그럼 백골 사체 사건, 저희가 수사하는 거예요?"

"글쎄요. 수사까지는 아니고 교감 선생님 말씀으로는 담당 형사가 일이 너무 많아서 도와주기로 했답니다. 자, 수고하세요."

마리는 아까 태산이가 중얼거린 말이 생각났다.

'그래! 성형외과부터 찾아봐야 되는 거 아니냐고 했었어.'

"광대뼈 축소술이라니, 무슨 얘기야?"

마리의 물음에 차원이가 대답했다.

"아까 교감 선생님이 피해자의 머리뼈를 보고 광대뼈 축소술을 받은 걸 알아냈거든. 가만, 수술이 아주 잘됐다는 말씀이 그 뜻이었구나. 피해자는 강남의 유명 성형외과에서 수술받은 거야!"

그나저나 명단을 보니 무려 3324명. 이렇게 많은 사람들에게 다 연락해야 하다니! 모래사장에서 바늘을 찾는 격이었다. 아이들은 나눠서 전화를 걸기 시작했다.

"여보세요? 거기 양순이 씨 댁 아닌가요?"

"휴~ 또 안 받네."

생각보다 전화를 안 받는 사람이 많았고 아예 없는 번호라고 나오는 경우도 많았다. 500여 명에게 걸었는데 그중 100명 정도는 그런 경우였다. 차원이는 이해가 되지 않았다.

"없는 번호는 또 뭐야? 전화번호를 바꾼 건가?"

"가짜 번호를 적어 놓은 게 아닐까? 성형수술받은 걸 숨기려고."

하수가 의견을 말했다. 맞다. 그랬을지도 모른다.

"벌써 10시가 넘었어. 늦은 시간에 전화하면 실례될 텐데."

마리가 시계를 보며 말했다. 그때였다.

"다 했냐?"

어 교감이었다. 아이들이 놀라 동시에 소리를 질렀다.

"아니요! 얼마나 많은데요."

어 교감은 아이들이 체크해 놓은 것을 보더니 말했다.

"오늘은 늦었으니까 자고 내일 해라. 뭐, 계속하겠다면 말릴 생각은 없고."

"아, 아니요."

누가 먼저랄 것도 없이 모두들 벌떡 일어나 방으로 줄행랑을 쳤다.

아이들은 '수사라는 거, 정말 쉽지 않구나' 하는 생각이 들었다. 세 시간 넘게 수화기를 붙들고 씨름을 하고 나니 목도 아프고 머리도 지끈거렸다. 하루 종일 시달려서 그런지 꿈자리까지 뒤숭숭했다. 하수는 밤새 낮에 본 시신에 시달렸고, 차원이는 범인을 쫓아 쉴 새 없이 뛰어다니는 꿈을 꾸었다. 정말 꿈속에서도 힘든 하루였다.

다음 날은 토요일이라 수업이 없었다. 아이들은 아침부터 다시 모여 전화기를 붙잡고 있었다. 11시가 다 되었을 때 어 교감이 나타났다.

"전화 그만하고 따라와. 실종자 찾았어."

모두 놀랐다. 언제나 시큰둥한 태산이도 놀란 표정이었다.

"이민혁 형사가 전국에 실종 신고 들어온 사람들 중에서 유력한 사람을 찾았어. 지금 실종자 아버지가 과학수사연구소에 시신 확인하러 온다니까 같이 가 보자."

그 동네 사람이 아니라는 것이 확실해지자 담당 형사는 벌써 전국으로 확대해 비슷한 시기에 실종된 사람을 찾고 있었던 것이다.

과학수사연구소에 도착하니 한 할아버지가 막 시신을 확인하고 나오고 있었다.

"아이고, 소연아! 소연아! 흑흑흑."

할아버지를 모시고 나온 사람이 어 교감을 보더니 고개를 끄덕였다.

이민혁 형사였다. 실종 당시 입었던 옷과 신고 나간 신발이 맞다는 뜻이었다. 할아버지는 한참을 주저앉아 우셨다.

"그래도 어딘가에 살아 있을 줄 알았는데 왜 이렇게 끔찍하게……. 소연아! 흑흑흑."

딸의 이름은 이소연. 실종 당시의 나이는 32세. 3년 전 여름, 남편과 싸우고 집을 나간 뒤로 연락이 끊겼다고 했다.

"난 딸이 집 나간 지 사흘 만에 알았어. 사위가 그러더라고. 부부끼리 좀 다퉜는데 그때 집을 나가서는 연락이 없다고. 나한테까지 연락 안 할 애가 아닌데 혹시 무슨 일이 생긴 게 아닌가 싶어서 얼른 경찰에 실종 신고를 했지."

할아버지는 그 뒤로 전국 곳곳 안 찾아다닌 데가 없었다며 울먹였다. 집 나갔을 당시의 옷차림 그대로라니, 나간 후 바로 교통사고를 당하고 암매장당했다는 말이 된다.

"사위하고는 연락하시나요?"

어 교감이 물었다.

"지금은 잘 안 돼. 소연이 실종되고 처음 두 달은 같이 찾으러 다녔는데 어디 계속 그럴 수 있나. 목구멍이 포도청이라 일은 해야 하니까. 그다음부터 나는 나대로, 사위는 사위대로 찾으러 다녔지. 그러다 한 일 년 지나서는 사위도 포기했는지 연락도 잘 안 하더라고."

사위의 이름은 송현수. 어 교감이 전화를 걸었는데 없는 번호라는 안내 문구가 흘러나왔다. 그사이 번호를 바꾼 것. 신원 조회를 해 바뀐 번호를 찾아냈다.

"뭐, 뭐라고요? 시, 시신이요?"

송현수가 놀란 목소리로 다시 물었다. 어 교감이 대답했다.

"네. 피해자 아버님께서 확인하셨습니다."

송현수는 잠시 아무 말도 없더니 바로 오겠다고 했다. 송현수를 기다리는 동안 이민혁 형사는 할아버지에게 사위와 딸의 사이에 대해 물었다.

"그때가 딸이 결혼한 지 1년 정도밖에 안 됐을 때였어. 결혼하기 전에 사실 내

가 많이 반대했거든. 사위가 나이도 다섯 살이나 어리고 씀씀이가 크고 성격도 다혈질인 것 같아서. 그래도 딸이 하도 좋다고 하길래 할 수 없이 결혼시켰지."

하지만 결혼한 후에는 다툼이 잦았다고 했다. 송현수의 헤픈 씀씀이 때문이었다. 항상 버는 돈보다 쓰는 돈이 더 많았다는 것. 만날 놀러 다니고 형편에 맞지 않는 명품 옷을 샀다고 했다. 실종 당시에도 딸이 오랫동안 모은 적금을 의논도 없이 해약해서 덜컥 비싼 차를 샀단다. 그 바람에 둘 사이가 좋지 않았다는 것이다.

하수가 조심스레 물었다.

"그럼 혹시 사위를 의심하지는 않았나요?"

"솔직히 의심도 했지. 그래서 경찰도 조사하긴 했는데 별다른 증거가 안 나왔어. 사위가 딸애가 쓰던 화장품이며 옷가지가 여행용 가방이랑 같이 없어졌다며 가출한 게 맞다고 하니 믿을 수밖에 없었지."

이번엔 차원이가 물었다.

"그것 말고 따님이 가출했다는 다른 증거도 있었나요?"

"딸이 사위한테 보낸 문자 메시지가 있었어. 집 나간 지 이틀 만에 온 거라는데, '나 찾지 마. 이대로 끝내.'라고 쓰여 있더라고."

실종 신고를 하고 딸이 마지막으로 휴대전화를 사용한 곳을 추적해 보니 딸이 옛날에 일했던 가게 근처였다고 했다.

"거기 가서 다 물어봤는데 우리 딸애를 본 사람은 한 명도 없었어."

정말 귀신이 곡할 노릇이었다. 하루아침에 증발해 버린 딸. 아버지는 딸이 사라진 뒤 지금까지 한시도 마음 편할 날이 없었다고 했다. 그렇게 애태우며 기다렸는데 결국 처참한 시신이 되어 돌아온 딸……. 할아버지의 아픔이 그대로 느껴져 아이들도 눈물이 났다.

##  수상한 사위

잠시 후 피해자의 남편 송현수가 도착했다. 이민혁 형사가 송현수를 데리고 들어가 시신을 확인시키고 나왔다. 송현수는 완전히 얼이 빠진 표정이었다. 나오자마자 바닥에 주저앉더니 울기 시작했다.

"어떻게 이런 일이……. 그렇게 찾아 헤매도 없더니, 흑흑흑."

송현수가 마음을 추스를 때까지 기다려 어 교감이 자초지종을 물었다. 대답은 할아버지의 얘기와 똑같았다.

"새벽에 싸우다 내가 먼저 화가 나서 나갔어요. 하루 종일 밖에 있다 밤늦게 돌아왔는데 나가고 없더라고요. 그런데 보니까 화장품도, 옷도, 가방도 없는 거예요. 며칠 지나면 다시 들어오겠거니 생각했죠."

"사흘이나 손 놓고 기다리기만 했어요? 걱정도 안 됐어요?"

이민혁 형사의 물음에 송현수는 괴로운 표정으로 대답했다.

"저도 화가 많이 난 상태라……. 며칠 친구 집에서 지내다 들어올 거라고 생각했죠. 그런데 이틀째 되는 날, 문자가 왔더라고요."

아까 할아버지가 말한 내용이었다. 송현수는 안 되겠다 싶어 다음 날 장인에게 사실대로 말하고 경찰에 실종 신고를 했다고 했다.

"회사에 휴직계까지 내고 찾으러 다녔는데 결국 못 찾았어요. 죽었을 거라고는 꿈에도 생각 안 했는데……. 흑흑흑."

송현수의 얘기를 듣는 내내 마리는 왠지 느낌이 이상했다. 송현수의 눈물에서 진실함이 느껴지지 않았다. 사랑하는 가족을 잃은 슬픔. 어린 나이였지만 마리도 그것이 얼마나 가슴 찢어지는 아픔인지 잘 알았다. 그런데 송현수의 눈물은 어딘가 가식처럼 느껴졌다. 왜일까?

할아버지와 송현수를 돌려보내고 어 교감과 아이들은 학교로 돌아왔다. 먼저 마리가 이상한 느낌을 말했다.

"송현수가 좀 걸려. 아내가 처참하게 죽었는데도 진짜 슬퍼 보이지가 않았어."

"나도 그렇게 느꼈어. 그리고 너무 무심한 거 아냐? 어떻게 겨우 두 달 찾고 포기하지? 가출한 지 사흘이나 지나 알린 것도 수상해."

하수의 말에 차원이가 의견을 말했다.

"당시 사건을 담당했던 형사를 만나 볼까? 그때도 남편을 의심하고 수사했다니까 자료가 남아 있을지도 몰라."

다행히 어 교감은 차원이의 생각을 허락해 주었다. 아이들은 곧바로 3년 전에 실종 사건을 수사했던 선동 경찰서 오지만 형사를 만나러 가기로 했다.

"어, 그런데 태산이는 어디 갔지?"

어느새 없어진 태산이. 그러고 보니 아까 학교에 돌아왔을 때부터 없었던 것 같다.

"가기 싫은가 보지."

차원이가 못마땅한 표정으로 말했다.

할 수 없이 셋만 선동 경찰서로 향했다. 그런데 거기에 벌써 이민혁 형사가 와 있었다. 두 형사 다 어 교감에게 전화를 받고 아이들이 올 것을 미리 알고 있었다. 오지만 형사가 말했다.

"사실 나도 남편이 제일 의심스러웠어요. 그래서 알리바이도 조사하고 휴대전화 통화 기록도 확인해 봤는데 단서가 될 만한 게 전혀 없더라고요."

"혹시 그때 남편이 몰던 차가 뭐였는지 기억납니까?"

이민혁 형사가 물었다.

"가만, 뭐였더라. 아! 하얀색 달리나였던 것 같아요."

"하얀색 달리나요? 그 차 스포츠유틸리티차량 맞죠?"

이민혁 형사가 깜짝 놀라며 물었다. 그런데 바로 그 순간, 마리도 번쩍 생각나는 게 있었다.

'스포츠유틸리티차량이라고?'

"피해자 다리의 골절이 어디쯤에 생겨 있었죠?"

마리의 질문에 이민혁 형사가 대답했다.

"발바닥에서 65cm 정도 올라온 곳이었어."

그러자 오지만 형사도 놀라며 물었다.

"그래요? 그럼 정말 남편이 범인일 가능성도 있겠네요!"

이민혁 형사가 고개를 끄덕이더니 다급히 나가며 말했다.

"미안. 급하게 알아볼 게 있어서."

도대체 세 사람이 무슨 말을 하는 건지……. 전혀 감이 안 잡히는 차원이와 하수는 어리둥절하기만 했다. 차원이가 물었다.

"다리 골절의 높이는 왜?"

마리가 대답했다.

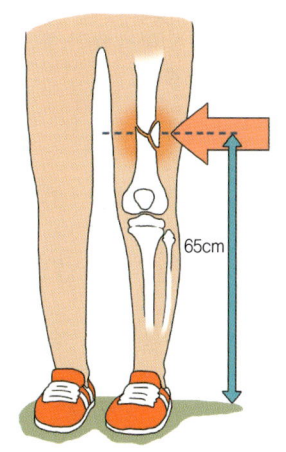

"교통사고나 추락사고 등으로 신체가 강한 충격을 받았을 때 생기는 손상을 '메세레르 골절'이라고 해. 갑작스러운 충격에 순간적으로 휘어지던 뼈가 더 이상 버티지 못하고 충격의 반대 방향으로 비스듬하게 갈라지는 것을 말하지."

이번엔 하수가 물었다.

"골절의 높이랑 스포츠유틸리티차량이 무슨 관계가 있는데?"

"다리 골절의 높이로 부딪힌 차종을 알 수도 있어. 자동차 범퍼의 높이는 차종마다 다르거든. 일반 세단형 승용차는 50cm 안팎이고 소형 트럭이나 소형 버스는 60cm, 스포츠유틸리티차량이나 대형 트럭, 버스 등은 이보다 높아."

### 뼈와 뼈가 만나는 곳은?

뼈와 뼈가 만나는 곳을 뼈마디 또는 관절이라고 해. 손가락을 만져 보면 하나의 긴뼈가 아니라 짧은 뼈들이 마디로 연결되어 있는 걸 알 수 있지. 이 뼈마디 부위에는 물렁물렁한 물렁뼈(연골)가 있어서 뼈끼리 부딪혀 손상되는 것을 막아 줘. 손가락을 구부리고 물건을 잡을 수 있는 건 바로 뼈가 마디로 연결되어 있기 때문이야. 또 뼈마디에는 담황색 투명한 액체인 관절액이 있어서 뼈가 부드럽게 움직이게 해 주지.

여태껏 듣고 있던 오지만 형사도 설명했다.

"물론 변수는 있어. 급제동을 했는지 안 했는지에 따라 달라지지. 브레이크를 강하게 밟는 순간 자동차의 앞부분이 아래로 약간 숙여지기 때문에 손상 부위가 실제 범퍼의 높이보다 낮은 곳에 생기거든. 또 사고 당시 피해자가 신고 있던 신발의 굽 높이도 따져 봐야 하고."

"피해자는 바닥이 얇은 운동화를 신고 있었어요."

차원이가 말했다.

"그러니까 골절 높이가 65cm 정도라면 가해 차량이 스포츠유틸리티차량이었을 수도 있어."

마리의 말에 하수는 다른 의견을 말했다.

"하지만 버스나 대형 트럭일 수도 있잖아."

"맞아. 그리고 뭐, 스포츠유틸리티차량이 어디 한두 대인가? 만약 그랬다 해도 그게 남편의 차라는 증거는 없잖아."

차원이도 동의하자 하수가 의견을 더 보탰다.

"천하의 나쁜 사람이 아니고서는 어떻게 아내를 교통사고로 위장해

살해하고 암매장할 수 있겠어. 그건 너무 끔찍해."

사실 남편이 진짜 범인이라고 해도 기가 막힌 일이고, 그렇다고 남편이 아니라면 범인을 못 찾은 것이니 또 속상한 일. 이래저래 문제였다. 그나저나 이민혁 형사는 무엇 때문에 그렇게 급히 나갔을까?

##  백골 사체의 한을 풀다

그 이유는 이틀 뒤 아침에 알게 되었다. 오늘 첫 수업도 어 교감의 현장 수사론. 그런데 어 교감이 뛰어 들어오며 다급하게 말했다.

"얘들아, 얘들아! 잡았대. 범인 잡았대."

"정말이요?"

아이들이 동시에 벌떡 일어났다. 마리가 조심스럽게 물었다.

"남편이 범인, 맞아요?"

"응. 방금 자백했대."

어느 정도 예상은 했지만 그래도 아이들은 깜짝 놀랐다. 특히 하수는 충격을 받은 듯했다. 차원이가 물었다.

"어떻게 알아냈대요?"

"궁금하지? 그래서 내가 이민혁 형사한테 자백하는 모습 녹화한 거 보내 달라고 했지. 어때, 고맙지? 헤헤헤."

어 교감은 곧바로 이민혁 형사가 보내 준 동영상 파일을 실행시켰다.

조사실. 이민혁 형사가 증거 자료를 들이밀며 말했다.

"피해자 실종 당일, 당신이 경기도 양산의 한 카센터에서 범퍼를 수리했다는 기록이에요. 이런데도 아니라고요?"

송현수는 얼굴이 점점 붉으락푸르락해지더니 자백하기 시작했다.

"흑흑흑. 맞아요. 내가 죽였어요. 하지만 실수였어요. 정말이에요."

사건 전날 밤, 부부는 송현수가 몰래 차를 산 일로 많이 싸웠단다. 그리고 밤 11시쯤 피해자가 방으로 들어가기에 자신은 술을 마시고 소파에서 잤는데, 새벽 2시쯤 자신을 깨우며 또 화를 냈다는 것이다. 화가 난 송현수는 잠도 덜 깨고, 술도 덜 깬 상태에서 집을 나와 버렸단다.

집 위쪽에 세워 둔 차를 몰고 막 골목을 빠져나가려는데, 집 앞에서 갑자기 뭔가 불쑥 튀어나왔다고 했다. 깜짝 놀라 급정거했지만 이미 뭔가가 범퍼에 부딪히고 튕겨 나간 뒤였다.

"내려서 봤더니, 바로 제 아내였어요. 흑흑흑."

남편이 집을 나가자 붙잡으려고 따라 나왔다가 변을 당한 것이었다. 피해자는 튕겨 나가면서 전봇대에 머리를 부딪쳐 의식을 잃은 상태였다.

"처음엔 병원에 데려가려고 했어요. 그런데 아내가 숨을 안 쉬는 거예요. 흑흑흑. 너무 놀라고 어떻게 해야 될지 몰라서……."

송현수는 피해자를 일단 차에 태웠다. 그런데 당황하기도 했고 술도 덜 깬 상태라 정말 정신이 없었단다. 이리저리 헤매다 정신을 차려 보니 경기도의 한 야산이었고 순간 나쁜 생각이 들었다고 했다.

"그러면 안 됐는데, 시신을 땅에 묻고 그대로 도망쳤습니다. 가출한 것처럼 꾸미면 되겠다 생각하고 차를 수리한 다음 집으로 돌아왔어요. 알리바이를 위해 아내의 옷과 화장품, 여행용 가방을 소각용 쓰레기봉투에 담아 다른 동네에 가서 버렸어요. 또 이틀 뒤에 아내가 직접 보낸 것처럼 꾸미려고 아내가 일했던 곳에 가서 아내의 휴대전화로 제게 메시지를 보내고, 다음 날 장인어른께 가출했다고 말했습니다."

정말 기가 막힌 일이다. 아무리 사고였고 정신이 없었다 하더라도 어떻게 그런 짓을 할 수 있단 말인가.

송현수는 수갑을 차며 말했다.

"차라리 잘됐어요. 하루하루가 정말 지옥 같았어요. 흑흑흑."

송현수는 애타게 딸을 찾는 장인의 모습에 점점 자백할 용기가 나지 않았다며 용서를 구했다. 그동안 자신은 살아도 사는 것 같지 않았다는 말도 덧붙였다.

"세상이 정말 무섭지?"

동영상이 끝나자 어 교감이 무겁게 입을 열었다. 아이들은 먹먹한 표정이었다. 그래도 미해결 사건으로 끝날 뻔했는데 범인을 잡았으니 억울하게 죽은 피해자의 한이 조금이라도 풀렸을 것이다.

어 교감은 아이들 한 명 한 명의 눈을 보며 진지하게 말했다.

"억울한 피해자가 한 명이라도 없게 하는 것. 그게 바로 너희가 앞으로 해야 할 일이다."

수업이 끝나고 방에 간 마리는 항상 목에 걸고 다니는 목걸이를 풀어 손바닥에 놓았다. 펜던트 뚜껑을 여니 엄마가 활짝 웃는 사진이 나왔다. 마리는 사진을 보며 다짐했다.

"엄마! 엄마를 그렇게 만든 범인, 제가 꼭 잡을게요."

#  마리가 들려주는 사건 해결의 열쇠

야산에서 발견된 백골의 사체. 피해자가 교통사고를 당했고, 남편이 범인이었다는 것을 알아낸 것은 뼈에 대해 잘 알았기 때문이야.

## 💡 뼈의 역할

뼈는 우리 몸의 골격을 이루는 가장 단단한 조직 중 하나야. 단단하고 딱딱하기 때문에 몸의 형태를 잡아 주고, 지탱할 수 있게 해 주지.

뼈는 우리 몸속에 있는 중요한 기관들을 보호하는 역할도 해. 머리뼈는 안전모처럼 뇌를 보호해 주고, 울타리 모양의 갈비뼈는 심장 같은 내부 기관을 감싸고 있지. 엉덩이뼈는 큰 그릇처럼

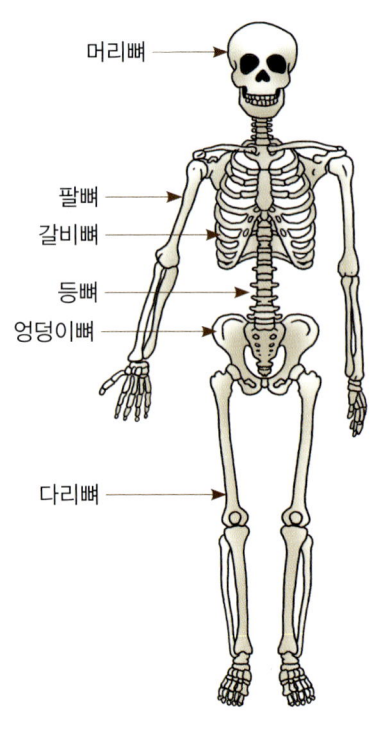

〈우리 몸의 뼈〉

뼈는 우리 몸을 지탱하고 몸속의 내부 기관도 보호해.

창자와 방광을 떠받쳐 보호하고 있어.

또 뼈는 피를 만드는 일도 해. 뼈의 겉은 단단하지만 속은 아주 부드러운데, 이 부분을 '골수'라고 하지. 여기에서 피가 만들어진 다음, 뼈의 곳곳에 나 있는 구멍을 통해 혈관으로 들어가는 거야.

뿐만 아니라 뼈는 칼슘과 인을 저장하는 창고 역할도 해.

## 뼈의 변화

신생아 때는 뼈의 개수가 300개가 넘지만, 자라면서 뼈가 서로 합쳐지기 때문에 어른이 되면 206개로 줄어들어.

키가 크는 것은 뼈의 끝 부분이 일정한 나이까지 계속 자라기 때문이야. 이 뼈의 끝 부분을 '성장판'이라고 해. 성장판은 손가락, 발가락, 손목, 팔꿈치, 어깨, 발목, 무릎, 넓적다리뼈, 등뼈 등에 있어. 나이가 들면 키가 더 이상 자라지 않는데 그 이유도 성장판이 활동을 멈추기 때문이야.

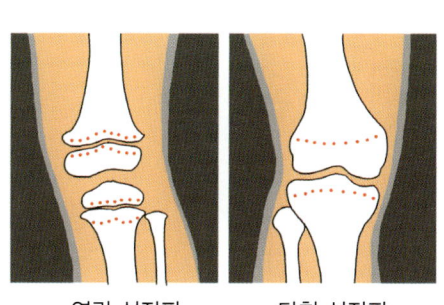

열린 성장판    닫힌 성장판

성장판이 열려 있을 때는 자라다가 성장판이 닫히면 더 이상 자라지 않는다.

〈성장판〉

### 💡 뼈로 알 수 있는 것들

뼈만 보고도 그 사람에 대해 많은 것을 알아낼 수 있어.

먼저 대략적인 나이를 알 수 있어. 어린아이 때 300개 이상이던 뼈가 서로 합쳐지면서 성인이 되면 206개로 줄어드니까 뼈들이 맞물린 상태를 비교해 보면 대략의 나이를 알 수 있어. 아래턱의 각도도 나이에 따라 조금씩 달라져. 갓 태어났을 때는 170도 정도인데 영구치가 다 날 때쯤엔 100도까지 줄어들지. 그리고 다시 커져서 35세 때 110도, 55세 때 120도, 70세 때 130도 정도로 변화돼.

뼈를 보고 남자인지, 여자인지도 알아낼 수 있어. 키가 비슷한 남녀의 뼈를 비교해 보면 여자의 엉덩이뼈가 남자보다 넓어. 또 남자의 머리뼈는 눈썹 부분의 튀어나온 뼈와 턱뼈, 눈구멍이 더 두드러지게 발달되어 있지.

키는 전체 뼈 길이에 약 10cm를 더하면 알 수 있어. 그리고 보통 어른의 넓적다리뼈 길이는 키의 27%, 정강이뼈는 키의 22%, 등뼈는 키의 35% 정도 돼. 물론 모든 추정치는 성별과 나이와 인종에 따라 조금씩 달라지지.

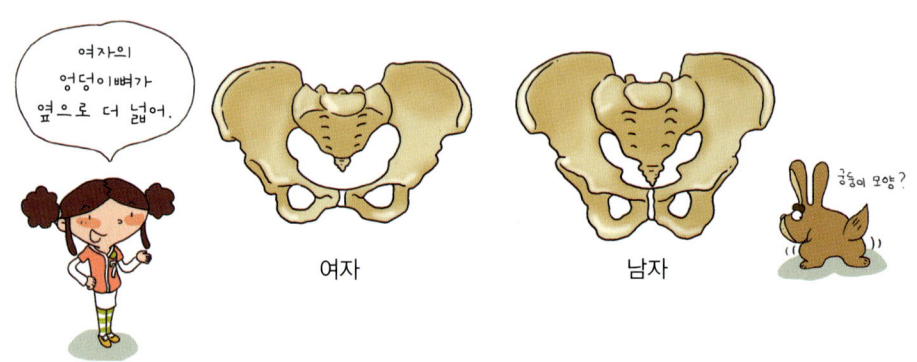

〈여자와 남자의 엉덩이뼈〉

## 💡 뼈에 남은 흔적

사건이 발생했을 때 피해자의 뼈에 남은 흔적을 살펴보면 사망 원인을 찾을 수도 있어. 교통사고로 신체가 강한 충격을 받아 뼈에 생기는 손상을 '메세레르 골절'이라고 해. 특히 다리뼈가 부러진 경우는 골절 부위의 높이를 정확히 재면 사고를 낸 차량이 어떤 것인지 알 수 있어. 자동차 범퍼의 높이가 차종마다 다르다는 걸 이용하는 거야. 일반 세단형 승용차는 50cm 안팎이고 소형 트럭이나 소형 버스는 60cm, 스포츠유틸리티차량(SUV)이나 대형 트럭, 버스 등은 이보다 높아. 또 충돌 순간에 브레이크를 밟았는지 안 밟았는지, 피해자가 신은 신발의 높이 등을 같이 따져서 사고 차량을 알아내는 거지.

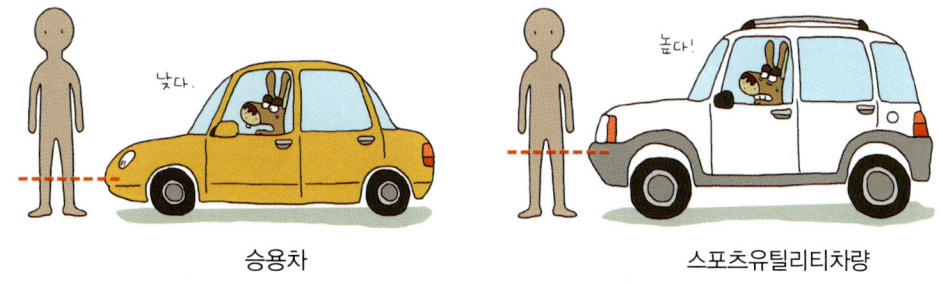

승용차    스포츠유틸리티차량

〈차종에 따른 골절 부위의 높이〉

그러니까 생각해 봐. 백골 사체의 광대뼈에 잘린 흔적이 있는 것으로 광대뼈 축소술을 했다는 것을 알았어. 또 다리뼈가 부러진 높이를 잰 결과 범퍼의 위치가 높은 차에 부딪힌 사실을 알아냈고, 결국 남편이 범인임을 밝힐 수 있었지.

# 반점의 원인을 찾아라!

"금산댁이 착하고 성실하고,
요리도 잘한다고 해서 들였지. 그런데 왜?"
이선아가 차원이에게 물었다.
"우리 얘기를 엿듣고 있었어요."

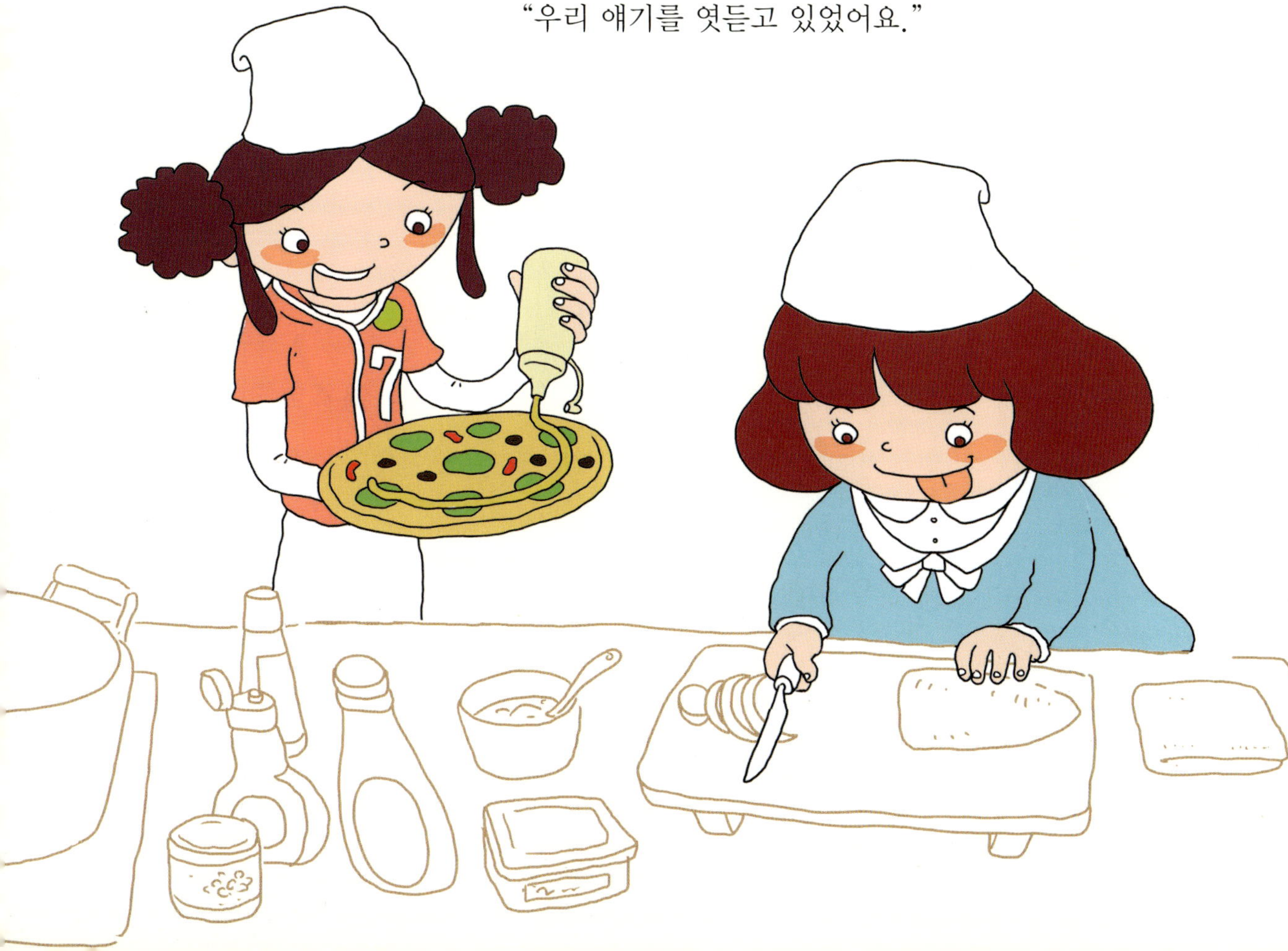

 **뜻밖의 만남**

  CSI 3기의 입학식이 끝나자 혜성이는 미국으로 돌아가고 요리는 한국에 남았다. 혜성이는 미국에 같이 가서 공부하길 바랐지만 요리는 이제 막 시작한 푸드스타일리스트 일을 계속하고 싶었다. 물론 공부하랴, 우주인 훈련받으랴 정신없이 바쁠 혜성이에게 방해되기 싫기 때문이기도 했다.

  몇몇 TV 요리 프로그램에 출연해 실력을 발휘한 덕분에 방송 섭외도 많이 들어오고, 또 요리책을 내자는 제안도 많이 들어왔다. 요리는 말 그대로 눈코 뜰 새 없이 바쁜 나날을 보내고 있었다.

그러던 중 케이블 TV 채널, '우먼'에서 요리 프로그램을 새로 만드는데 진행을 맡아 달라는 연락이 왔다. 요리는 기뻤다. 자신의 능력을 알아주는 것이니 어찌 기쁘지 않겠는가. 게다가 방송을 하고 나면 스타 요리사가 되는 건 시간문제였다. 하지만 요리는 왠지 망설여졌다. 너무 빨리 유명해지고 싶지 않기 때문이었다. 차근차근 더 배우고 실력을 쌓는 것이 지금 자신이 해야 할 일이라는 생각이 들었다.

출연을 제안한 제작본부장에게 그 뜻을 전하자 본부장은 난처한 듯 말했다.

"사실 이요리 씨를 섭외하라고 지시한 사람이 사장님이에요. 그러니 다시 한 번 생각해 보세요."

우먼의 사장이라면 이선아. 우먼이 우리나라 재벌 그룹 5위 안에 드는 이산 그룹의 방송사이고, 그룹 총수의 딸이 우먼의 사장이라는 건 웬만한 사람은 다 아는 사실이었다. 바로 그 이선아가 방송에서 요리를 보고 새 프로그램의 진행자로 직접 낙점했다는 것이다.

그 얘기를 듣자 요리는 부담스러워 더 하고 싶지 않았다. 그래서 정중히 거절했다.

"죄송합니다. 제가 아직 준비가 부족합니다."

그렇게 출연 제안은 마무리된 걸로 알고 있었는데 며칠 후에 뜻밖의 전화가 왔다.

"안녕하세요? 저 우먼의 이선아예요."

사장 이선아가 직접 전화를 건 것이다. 요리는 당황했다. 프로그램은 이미 안 하겠다고 뜻을 전했기에 이선아가 직접 전화를 걸 거라고는 전혀 예상하지 못했다.

"아, 네. 안녕하세요? 그런데 프로그램은 안 하겠다고……."

"프로그램 때문이 아니라 초면에, 그것도 전화로 말씀드려 죄송하지만 부탁을 하나 하려고요."

곧 아버지의 82세 생신 파티가 있는데 개인적으로 초대하고 싶다는 것이었다. 이선아의 아버지라면 이산 그룹의 초대 회장인 이영산 회장. 최근 뇌졸중으로 몸이 급속도로 쇠약해져 아들과 딸에게 모든 경영권을 물려주고 집에서 요양하고 있다는 소문을 들은 적이 있었다.

"조카가 한 명 있는데 CSI를 엄청 좋아해요. 그중에서도 이요리 씨 팬이래요. 호호호. 제발 한 번만 만나게 해 달라고 하도 졸라서요. 바쁘신 줄은 알지만 어떻게 안 될까요?"

예상치 못한 부탁이었지만 요리는 거절할 수 없었다. 조카를 사랑하는 마음이 느껴졌기 때문이다. 프로그램 진행을 거절한 일이 미안하기도 했다. 그래서 요리는 초대에 응하기로 했다.

토요일 저녁, 요리는 으리으리한 이영산 회장의 집에 도착했다. 이선아와 제작본부장이 요리를 반갑게 맞았다. 인사를 나누고 둘러보니, 파티장이 예상보다 아주 소박하게 준비되어 있었다. 이영산 회장이 검소하게 생활한다는 소문이 허튼소리는 아니었구나 싶었다.

"조카도 곧 나올 거예요. 요리 씨가 올 거라고 했더니 아침부터 난리가 났었어요."

이선아. 재벌 그룹 딸에, 방송사 사장인데도 아버지의 영향 때문인지 옷차림이 상당히 수수했고 인상이 선해 보였다. 요리는 이선아가 마음에 들었다. 그때였다.

"선배!"

많이 들어 본 목소리였다. 돌아보니, 이게 누군가! 고차원이었다.

"고차원! 너 여기 웬일이야?"

"아버지 따라왔어요. 헤헤. 아까부터 상준이가 선배 온다고 자랑 진짜 많이 했어요."

차원이가 옆에 있는 아이를 가리키며 말하자, 아이가 넙죽 인사했다.

"안녕하세요? 이상준입니다."

상준이라는 아이는 키가 크고 귀여운 인상이었다. 요리가 먼저 악수를 청했다.

"그래, 반가워. 이요리야."

상준이는 좋으면서도 쑥스러운 듯 손을 내밀었다.

"저 요리 누나 팬이에요. 헤헤헤."

"어머! 이상준, 너 얼굴 빨개졌다!"

이선아가 놀리자 상준이는 얼굴이 더 빨개졌다.

"고모!"

"하하하. 하하하."

모두 웃음이 터졌다.

"여긴 왜 이렇게 분위기가 좋아?"

차원이의 아버지, 고성민이었다. 요리도 입학식 때 만나 얼굴을 알고 있었다.

"어? 차원이 아버님, 안녕하세요?"

차원이 아버지는 이영산 회장의 아들이자 이상준의 아빠인 이선우와 고등학교, 대학교 동창이라 절친한 사이. 그래서 상준이와 차원이도 자연스럽게 어릴 때부터 친구로 지냈다고 했다.

## 반점의 비밀

그렇게 인사를 나누고 있는데, 이선우가 오늘의 주인공인 이 회장을 모시고 나왔다. 모두 박수를 치며 맞았다. 휠체어를 탄 이 회장은 한눈에 봐도 상당히 쇠약해 보였다. 뇌졸중, 즉 중풍에 걸려 몸 왼쪽은 거의 마비된 상태였다. 하지만 역시 인상이 참 좋은 분이었다.

"할아버지!"

상준이가 할아버지한테 달려가 안겼다.

"아이고, 우리 강아지! 허허허."

활짝 웃는 이 회장의 모습에서 손자를 사랑하는 마음이 느껴졌다. 이 회장의 건강을 기원하며 건배하고 나자 상준이가 요리를 끌고 이 회장 앞으로 데려갔다.

"할아버지! 내가 제일 좋아하는 CSI, 알죠? 이 누나가 바로 그 CSI, 이요리 형사예요."

"그래? 아이고, 예쁘게 생겼네. 반가워요."

이 회장이 오른손을 천천히 들어 악수를 청했다. 요리는 얼른 손을 잡으며 인사했다.

"생신 축하드립니다."

그런데 이 회장의 손이 좀 이상했다. 연세가 높긴 하지만 그래도 유난히 거칠고 건조한 느낌이었다.

뿐만 아니라 요리의 눈에 들어오는 게 또 있었다. 바로 이 회장의 피부에 생긴 검붉은 반점. 얼굴뿐 아니라 목이랑 팔에도 퍼져 있었다.

'습진인가?'

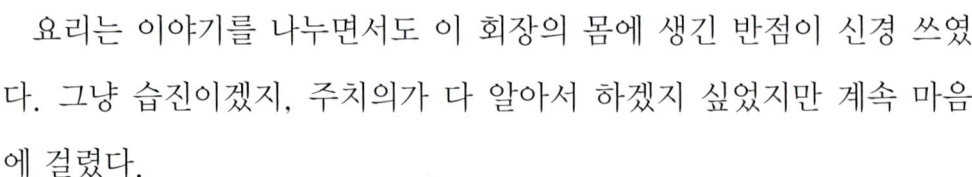

인사를 마치고 요리는 자기 자리로 와서 식사를 했다. 상준이가 옆에 앉아서 쉴 새 없이 질문을 쏟아냈다. 상준이는 CSI가 된 차원이가 무척 부러운 눈치였다.

요리는 이야기를 나누면서도 이 회장의 몸에 생긴 반점이 신경 쓰였다. 그냥 습진이겠지, 주치의가 다 알아서 하겠지 싶었지만 계속 마음에 걸렸다.

식사를 마치고 요리는 이선아에게 슬쩍 물었다.

"회장님 몸에 반점이 있던데 언제부터 생긴 거예요? 주치의한테 검진은 받으셨죠?"

"제가 매일 오지는 못해서 정확하게는 모르겠는데 한 3, 4일 된 것 같아요. 원래 어제가 주치의가 정기적으로 오는 날이었는데, 갑자기

응급 수술이 잡혀서 못 왔어요. 그런데 왜요?"

요리는 망설였다. 자기가 의사도 아니고, 정밀 검사도 안 해 본 상태에서 섣불리 말해선 안 되지 싶었다.

"그냥 습진은 아닌 것 같아서요. 혹시 모르니까 빨리 정밀 검사를 받으시는 게 좋을 것 같아요."

"그래요? 알았어요. 오늘 당장 김 박사님 불러야겠네요."

이선아는 곧바로 주치의에게 전화했다.

솔직히 요리는 비소 중독이 의심되었다. 비소 중독은 비소가 들어 있는 공기를 들이마시거나 비소에 오염된 물 또는 음식물을 먹었을 때 발생한다. 비소에 중독되면 피부 색소가 침착하여 작은 탈색 반점이 생기는데, 이는 비소 중독을 진단하는 데 중요한 지표가 된다. 또 손이 거칠어져 광택이 없어지고, 피부가 얇아져서 쉽게 상처가 나는 증상도 비소 중독의 전형적인 특징 중 하나다.

그나저나 만약 이 회장이 진짜 비소 중독이라면 이건 정말 중대 사건이었다.

### 나폴레옹은 비소 중독으로 죽었다?

프랑스의 황제였던 보나파르트 나폴레옹. 그는 1821년 쉰두 살의 나이로 숨졌어. 공식 사인은 위궤양으로 생긴 종양이었지만 비소로 독살당했다는 주장도 있었지. 파리의 경찰독성연구소가 나폴레옹이 유배되기 전인 1805년과 1814년 그의 머리카락을 분석한 결과, 비소가 정상치의 5~33배나 검출됐다고 해. 나폴레옹이 황제로 군림하던 때에 이미 비소에 중독됐다는 뜻이지. 나폴레옹이 언제, 어떻게 비소에 중독되었는지, 그것이 진짜 사인인지는 명확히 밝혀지지 않았어.

분위기가 이상했는지 눈치 빠른 차원이가 어느새 와서 물었다.
"선배, 무슨 일이에요? 상준이네 할아버지가 어디 아프세요?"
요리가 조심스럽게 대답했다.
"아직 정확한 건 몰라. 일단 검진을 좀 받으셔야 될 것 같아."
하지만 차원이는 뭔가 큰 문제가 생겼음을 감지했다.

##  비소를 찾아라!

파티가 끝나고 집으로 돌아왔지만 요리는 이 회장의 일이 머릿속에서 떠나지 않았다. 만약 요리의 예상대로 비소 중독이 맞다면 도대체 어떻게 비소에 중독된 것일까?

'혹시 누군가 음식물에 비소를 넣은 거라면?'

옛날부터 비소는 누군가를 독살하는 용도로 많이 사용되던 독극물이다. 음식물에 조금씩 넣어 천천히 중독되게 하는 경우도 있었다. 사극 드라마에나 나올 법한 이야기지만 이 회장의 재산을 노린 사람의 짓이거나 원한 때문에 벌어진 일일 가능성도 있었다.

다음 날 아침 이선아에게서 전화가 왔다. 목소리가 떨리는 것으로 보아 요리는 자신의 예상이 맞았음을 알아차렸다.

"비, 비소 중독이래요."

어느 정도 예상했지만 요리는 가슴이 쿵 내려앉는 기분이었다. 인자하게 웃던 이 회장의 얼굴이 떠올랐다.

"요리 씨는 알고 있었죠? 그래서 빨리 검진받아 보라고 한 거죠?"

"그럴지도 모른다고 생각하긴 했지만……."

이선아가 다급하게 말했다.

"지금 시간 좀 낼 수 있어요?"

요리는 곧바로 이선아를 만났다.

"김 박사님이 보시더니, 빨리 검사를 해야겠다고 하셨어요. 그래서 혈액 검사와 소변 검사를 했는데, 조금 전에 결과가 나왔어요. 비소 중독이라고. 얼마나 놀랐던지……. 다행히 초기 중독 상태라 치료를 받으면 괜찮아진다고 하더라고요. 요리 씨 아니었으면 정말 큰일 날 뻔했어요."

"천만다행이네요."

"그런데 문제는 어떻게 우리 아버지가 비소에 중독되었느냐는 거예요. 의사 말로는 오랜 기간 동안 아주 적은 양을 꾸준히 먹은 것 같다는데, 그렇다면 누군가 아버지에게 지속적으로 비소가 든 음식을 드렸다는 거잖아요."

요리도 그 점을 걱정했다. 요리가 물었다.

"혹시 주변에 의심 가는 사람이 있나요?"

이선아는 난감한 표정으로 고개를 저었다.

"아니요. 정말 없어요."

다른 재벌 집안과는 달리 오빠와 자기는 사이가 아주 좋다고 했다. 게다가 이 회장이 벌써 15년 전부터 유언장을 작성해 놓았는데, 재산의 70%는 사회에 환원하고 나머지는 자식들에게 공평하게 나눠 준다는 내용이라고 했다. 그에 대해서 자신은 전혀 불만이 없고 그건 오빠도 마찬가지라고 했다. 또 인품 좋기로 유명한 이 회장에게 원한을 품을 만한 사람도 없다는 것이다.

이선아가 괴로운 표정으로 말했다.

"결국 집에서 일하는 분들밖에 없다는 얘긴데……."

"일단 경찰에 신고하는 게 좋지 않을까요?"

요리의 말에 이선아는 깜짝 놀라며 답했다.

"그건 안 돼요. 소문이라도 나면 회사 이미지에 치명타가 될 수도 있어요. 괜히 아주머니들 마음만 상하게 할 수도 있고요. 요리 씨가 좀 찾아봐 주면 안 될까요? 만약 누군가가 아버지가 드시는 음식에 비소를 넣은 거라면 어딘가에 흔적이 남아 있지 않겠어요?"

일하는 아주머니들에게는 요리 연구가로 소개할 테니, 아버지를 위해 특식을 만드는 척하면서 찾아봐 달라는 부탁이었다.

요리는 승낙할 수밖에 없었다. 곧바로 요리는 이선아와 함께 이 회장의 집으로 갔다. 집에 들어서자마자 요리를 부르는 소리가 들렸다.

"선배!"

또 차원이었다. 일요일이라 할아버지를 뵈러 온 상준이를 따라왔다고 했다. 상준이도 요리를 반겼다. 요리가 할아버지를 위해 특식을 준비하기로 했다는 이선아의 말에 상준이가 신 나서 물었다.

"뭐 만드실 건데요?"

그러나 차원이는 어제의 일과 관련해서 요리가 다시 온 걸 알아챘다.

"선배, 저도 도와 드릴게요. 저도 요리 잘해요."

요리는 차원이가 금방 눈치챘다는 것을 알아보았다. 역시 눈치 빠른 고차원이다.

"그래. 그럼 좀 도와줘."

"나도 같이 도울게요."

상준이가 끼어들었다. 그러자 이선아가 말했다.

"상준아, 너 할아버지께 책 읽어 드릴 시간이잖아."

이선아는 아무래도 상준이 모르게 조사하는 게 좋겠다는 생각에 말을 돌렸다.

"그렇긴 한데……. 네, 알았어요."

상준이는 무척 아쉬워하며 이 회장 방으로 들어갔다. 이선아가 먼저 주방으로 들어간 사이, 차원이가 목소리를 낮춰 물었다.

반점의 원인을 찾아라! 65

"할아버지한테 정말 무슨 일이 있는 거예요?"

"비소 중독이야."

요리의 대답에 차원이는 깜짝 놀랐다.

"비소에 대해선 잘 알지?"

"네. 원자 번호 33번, 원소 기호 As. 금속과 비금속의 중간 성질을 띠는 준금속이잖아요. 비소화합물 중 하나인 삼산화비소는 옛날부터 독살에 많이 사용될 정도로 독성이 아주 큰 물질이고요. 혹시 주방 아주머니들이?"

"쉿! 먼저 비소부터 찾아보려고."

"비소는 설탕이랑 비슷하게 생긴 데다 단맛도 약간 나서 알아차리기 어렵죠. 하지만 전 찾을 수 있어요. 저만 믿으세요."

요리와 차원이는 주방으로 들어갔다. 이선아가 요리를 소개했다.

"회장님을 위한 특별 요리를 만들러 온 분이에요. 이분께 주방을 잠시 빌려 주세요."

세 아주머니 중 한 아주머니가 요리를 알아보고 말했다.

"이 아가씨구나! 어제도 왔던. 텔레비전에서 많이 봤어요. 예쁘네."

"아, 네. 감사합니다."

요리가 인사하자 다른 아주머니도 말했다.

"덕분에 우리는 그냥 놀게 생겼네. 호호호."

"그러게 말이야. 하하하."

아주머니들이 좋아하며 각자의 방으로 들어가자 이선아와 요리, 차원이는 곧바로 주방 곳곳을 살폈다. 혹시 비소가 있지 않은지 싱크대 찬장과 서랍, 냉장고 속을 샅샅이 뒤졌다. 하지만 없었다.

"벌써 눈치채고 치운 게 아닐까요?"

차원이가 말했다. 그런데 바로 그때였다.

"지금 뭐 하시는 거예요?"

아까 요리를 알아본 아주머니였다. 이선아는 당황했다.

반점의 원인을 찾아라! 67

"아니, 별일 아니에요."

하지만 아주머니는 물러나지 않았다.

"그런데 왜 찬장을 뒤지는 거죠? 혹시 뭐가 없어졌나요? 그래서 그걸 찾으려고……?"

그 아주머니는 주방 아주머니들 중 가장 오래 일한 최인숙이었다. 이선아는 사실대로 얘기할 수밖에 없었다. 설명을 다 듣고 나더니 최인숙은 더 언짢은 표정으로 말했다.

"그런 일이 있으면 저한테 먼저 말씀해 주시죠. 선아 아가씨, 혹시 저도 의심한 거예요?"

당황한 이선아가 얼른 손을 내저으며 말했다.

"아니에요. 아줌마를 내가 왜 의심해요."

최인숙은 눈물이 그렁그렁해져 말했다.

"이 집에 들어온 지 벌써 30년이에요. 사모님 계실 때는 물론이고, 돌아가신 뒤에도 회장님을 얼마나 정성을 다해 모시고 있는데……. 훌쩍."

"이상한 일이라 저도 어떻게든 원인을 알아야 해서……."

바로 그때 차원이는 인기척을 느꼈다. 누군가 주방 안을 엿보는 느낌이 든 것이다. 모른 척 슬쩍 보니, 아주머니들 중 한 명이 주방문 뒤에 숨어 안쪽을 지켜보고 있었다. 그러다 차원이의 눈길을 느꼈는지 황급히 자리를 피해 버렸다. 생각해 보니 차원이가 처음 보는 아주머니였다. 차원이는 어릴 때부터 이 회장 집에 자주 놀러왔기 때문에 일하는 아주머니들도 다 알고 있었다.

그런데 방금 아주머니는 처음 보는 사람이었다. 차원이가 유학 갔다 온 사이 새로 온 듯했다. 차원이가 물었다.

"그런데 금산댁 아주머니가 안 보이네요."

"세 달 전쯤에 바뀌었어. 금산댁이 몸이 안 좋아서 여기 일을 그만뒀거든."

이선아가 대답했다.

순간, 차원이와 요리의 눈이 번쩍 마주쳤다. 혹시나 하는 생각이 들었기 때문이다. 이 회장이 아직 초기 증상을 보이는 건 중독된 지 얼마 안 되었다는 얘기다. 그렇다면 최근에 새로 들어온 사람이 의심스러운 건 당연했다.

아주머니의 이름은 장순자. 나이는 43세. 금산댁 아주머니의 소개로 들어왔다고 했다.

"믿을 만한 사람인가요?"

"금산댁이 착하고 성실하고, 요리도 잘한다고 해서 들였지. 그런데 왜?"

이선아가 차원이에게 물었다.

"우리 얘기를 엿듣고 있었어요."

"정말이야?"

요리와 이선아 그리고 최인숙은 모두 깜짝 놀랐다.

##  수상한 아줌마

최인숙이 고개를 갸웃하며 말했다.

"그런 무서운 짓을 할 사람으로는 안 보였는데."

"장순자 씨에 대해서 아는 대로 말씀해 보세요."

이선아가 최인숙에게 물었다.

"저도 잘은 모르는데, 착하고 부지런하더라고요. 음식 솜씨도 꽤 좋고. 남편이 하던 사업이 망해서 가족이 뿔뿔이 흩어졌다고 했어요. 애들은 동생네에 맡기고, 자기는 애들 학비를 벌려고 이 집에 들어온 거라고요. 일주일에 한 번씩 쉬는 날이면 아이들 보러 가거든요. 그 때마다 내가 음식도 싸 주고 그랬는데……."

차원이는 얘기를 들을수록 장순자가 더 의심스러웠다.

'돈이 절실하게 필요한 형편이라는 얘기네. 혹시 제삼자에게 돈을 받

기로 하고 사주를 받은 거라면……?'

요리도 장순자가 의심스럽긴 마찬가지였다. 하지만 심증만 갖고 용의자로 몰아갈 수는 없었다. 요리가 조심스레 말했다.

"장순자 씨 방을 좀 봤으면 좋겠는데요."

"내가 장 보러 가자고 불러낼 테니까 그때 한 번 보실래요?"

최인숙이 제안한 대로 해 보기로 했다.

최인숙은 함께 시장에 가자며 아주머니 두 명을 불러냈다. 집을 나서는 장순자는 아닌 척하고 있었지만 불안한 기색이 역력했다. 정말 장순자가 범인일까? 그렇다면 왜, 무슨 이유로 그런 일을 저질렀을까?

요리와 차원이는 장순자의 방을 살피기 시작했다. 방은 깔끔하게 정리되어 있었다. 짐도 많지 않아 작은 장롱과 앉은뱅이책상 하나가 전부였다. 요리와 차원이는 장롱 안과 책상을 샅샅이 뒤졌다. 하지만 장롱에는 옷과 이부자리만 들어 있고, 앉은뱅이책상 위에는 화장품과 가족사진이 든 액자, 책 몇 권이 전부였다.

요리와 차원이는 다른 아주머니의 방과 최인숙의 방도 살폈다. 하지만 역시 비소는 나오지 않았다. 창고와 화장실, 뒤꼍까지 온 집 안을 다 뒤졌지만 마찬가지였다.

그사이 할아버지께 책을 다 읽어 드린 상준이가 거실로 나왔다. 요리와 차원이가 없자 상준이가 두리번거리며 물었다.

"요리 누나랑 차원이 벌써 갔어요?"

"아니, 요 앞에 잠깐……."

이선아가 둘러대려고 하는데 요리와 차원이가 들어왔다. 상준이를 보고 당황한 차원이가 더듬거리며 물었다.

"어, 너 버, 벌써 끝났어?"

"응. 그런데 어디 갔다 와?"

이선아가 차원이에게 말하지 말라는 눈짓을 보냈다. 그런데 그 신호를 상준이도 보고 말았다.

"뭐예요? 나한테 숨기는 거 있죠?"

이선아는 할 수 없이 사실대로 털어놓았다. 다 듣고 난 상준이는 너무 놀라 입술이 덜덜 떨렸다.

"그럼 우리 할아버지, 할아버지는 어떻게 되는 거예요?"

"할아버지는 치료받으시면 괜찮대. 그러니까 걱정 말고 너는 모른 척해. 알았지?"

상준이는 굵은 눈물을 뚝뚝 떨어뜨리며 고개를 끄덕였다.

"어떻게 됐어요? 뭐 좀 나왔어요?"

이선아가 요리에게 물었다.

"아니요. 아무것도 못 찾았어요."

그렇다면 둘 중 하나다. 잘못 짚었거나 아니면 범인이 벌써 알아채고 치워 버린 것. 어제 갑자기 주치의가 왔다 간 걸 보고 밤새 치웠을 수도 있다.

한 시간쯤 지나 시장에 갔던 아주머니들이 돌아왔다. 최인숙이 눈짓으로 요리에게 어떻게 됐냐고 물었다. 요리가 살짝 고개를 가로젓자 최인숙은 안심했다.

최인숙과 이선아, 요리, 차원이 그리고 상준이까지 서재에 모였다. 최인숙이 말했다.

"그것 보세요. 그럴 사람은 아니라고 했잖아요. 여하튼 이젠 저희 셋 다 혐의를 벗은 건가요?"

요리는 머릿속으로 복잡한 생각들을 정리해 보았다.

'범인은 분명 가까운 곳에 있어. 몇 달에 걸쳐 조금씩 중독된 거라면 이 회장님이 비소가 든 뭔가를 계속 섭취한 건 확실해. 그것도 이 집 안에서! 이 회장님은 중풍 때문에 오랫동안 바깥출입을 못 하셨을 테니까. 그런데 아무리 뒤져도 증거가 없다. 이선아 말대로 최인숙은 정말 믿을 만한 사람일까? 장순자는 정말 범인이 아닐까?'

바로 그때 노크 소리가 들렸다. 이선아가 문을 열려는데, 문이 먼저 열렸다. 장순자였다.

"죄송해요. 그냥 들어와서. 그런데 어떻게 이럴 수 있어요? 아무리 가진 것 없는 사람이라고 함부로 의심하고 방까지 뒤지고. 멋대로 범죄자 취급하시면 안 되죠."

장순자가 화가 많이 난 얼굴로 덜덜 떨며 말했다. 모두 할 말이 없었다.

"아까 우리가 주방에서 얘기하는 걸 몰래 엿들었다고 하던데, 왜 그러셨죠?"

이선아가 단도직입적으로 물었다.

"그, 그건……. 갑자기 요리 연구가가 와서 회장님께 요리를 해 드린다고 하고, 주방에서 다 나가 있으라고 하기에 걱정이 됐어요. 혹시 저분이 들어오고 제가 잘릴지도 모른다는 걱정이요. 제가 들어온 지 얼마 안 됐으니까 누구 하나를 자른다면 저일 것 같았어요."

"비소 얘기도 들으셨나요?"

요리가 물었다.

"네? 네. 하지만 내가 의심받을 줄은 몰랐어요. 난 아니니까."

장순자는 옷을 갈아입으려다 책상 위의 가족사진이 살짝 삐뚤게 놓여 있는 걸 보고 방을 뒤진 사실을 알았다고 했다.

차원이는 아차 싶었다. 급한 마음에 그만 CSI답지 않은 실수를 한 것이다.

'윽! 완벽하게 처리해서 요리 선배에게 칭찬받고 싶었는데…….'

차원이는 창피했다.

장순자는 서러운 듯 눈물을 흘리며 혐의를 부인했다.

"전 정말 아니에요. 흑흑. 제가 왜 회장님께 그런 나쁜 맘을 먹겠어요. 흑흑흑."

요리는 아까 본 가족사진 속의 장순자와 남편 그리고 아이들의 행복한 표정이 떠올랐다. 장순자의 진심이 느껴졌다. 물론 증거도 없으니 더 이상 몰아붙일 수도 없었다.

이선아도 요리와 같은 생각이었는지 장순자에게 사과했다.

"정말 죄송해요. 하지만 갑작스런 일에 저도 많이 당황했고 지금도 속상한 심정이에요. 어떻게든 범인을 잡아야겠는데, 아까 저희가 얘기하는 걸 엿듣고 계셨다고 해서 의심할 수밖에 없었어요."

결국 집 안에서 비소를 찾으려고 했던 계획은 실패로 돌아갔다. 최인숙과 장순자가 서재에서 나간 뒤 요리가 말했다.

"죄송해요. 도움이 못 돼서."

이선아는 손사래를 치며 말했다.

"아유, 무슨 말씀이세요. 전 와 주신 것만 해도 고마워요."

하지만 요리는 아무리 생각해도 이상했다. 집 안에 범인이 없다면 비소가 든 물이나 음식을 드셨을 리 없고, 주변에 공장이 없으니 공기 중에 포함된 비소를 마신 것도 아닐 텐데……. 도대체 이유가 뭐란 말인가.

## 수상한 오리

잠시 후 최인숙이 점심 식사가 준비됐다고 전했다. 이선아와 요리, 차원이와 상준이는 식당으로 향했다. 장순자는 계속 울었는지 얼굴이 부어 있었다. 요리와 차원이는 미안한 마음이 들었다.

막 밥을 먹기 시작했을 때 최인숙이 따로 준비한 상을 가지고 나왔다. 이선아가 물었다.

"아버지 진지는 뭐예요?"

"오리예요."

최인숙의 대답에 이선아는 깜짝 놀라며 다시 물었다.

"오리요? 우리 아버지는 오리고기 잘 안 드시는데?"

"맞아요. 그런데 오리가 중풍 환자들에게 좋다고 해서 두 달 전에 해 드려 봤거든요. 회장님 건강 생각해서 특별히 한약재 달인 물을 먹여서 키운 오리를 구해서요. 그랬더니 냄새도 안 나고 맛도 좋다며 잘 드시더라고요. 그래서 그때부터 일주일에 두세 번씩 샤브샤브도 해 드리고, 구이도 해 드렸어요."

"맞아요. 오리고기에 한약재를 첨가해 복용하면 포화 지방을 분해해 배출시키고, 피를 맑고 건강하게 유지시켜 주는 효능이 있어요."

요리가 오리고기에 대한 설명을 더했다.

"그래요? 고마워요, 아줌마. 신경 많이 써 주셔서."

이선아의 인사에 최인숙은 웃으며 대답했다.

"아유, 당연히 제가 할 일이죠."

그런데 그때 요리는 번쩍! 생각나는 게 있었다.

'한약재 달인 물로 키운 오리? 그럼 혹시?'

얼른 최인숙에게 확인했다.

"잠깐만요. 그런데 그 오리고기 어디에서 사 온 거예요?"

"오리요? 제 사촌 동생이 오리 농장을 하거든요. 동생이 한약재 달인 물로 키운 오리가 아주 좋다고 하기에, 회장님 드시는 것만 특별히 따로 키워 달라고 했죠."

최인숙의 답에 요리는 조심스럽게 말을 꺼냈다.

"혹시 그 한약재에 문제가 있었던 건 아닐까요? 최근에 들어오는 중국산 한약재 중에는 비소나 중금속에 오염되어 오히려 건강을 위협하는 것들이 있거든요."

최인숙이 놀라 손사래를 치며 말했다.

"그럴 리가 없어요. 분명히 국산 한약재만 쓴다고 했어요."

"아무래도 직접 가 보는 게 좋겠어요."

요리가 벌떡 일어나며 말했다. 이선아와 차원이가 따라 일어나자, 상준이도 나섰다.

"저도요. 저도 같이 갈래요."

결국 최인숙까지, 오리고기를 보내온다는 경기도의 한 농장으로 함께 갔다. 최인숙은 사촌 동생인 최인철에게 상황을 설명했다. 최인철은 당황하며, 최인숙의 부탁으로 회장님께 드릴 오리만 특별히 한약재 달인 물을 먹여 키웠다고 했다.

"혹시 그 한약재, 중국산이 아닌가요?"

"절대 아니에요. 약재상에서 분명히 국산 한약재만 사 왔다고요."

최인철은 완강하게 부인했다.

"그럼 남은 한약재 좀 보여 주세요."

요리의 말에 최인철은 몇 가지 한약재를 가져왔다. 요리는 약재들을 하나하나 자세히 살폈다. 역시 요리의 예상이 맞았다.

"이건 당귀고 저건 백출인데, 둘 다 중국산이네요."

"네? 정말요?"

함께 있던 사람들이 모두 놀랐다.

"국산 당귀는 잔뿌리가 많고 향이 강한데, 중국산은 크고 잔뿌리 없이 매끈하고 향이 거의 없어요. 이렇게요. 그리고 백출도 국산은 색이 밝고 껍질이 많이 벗겨져 있고 긴 뿌리와 짧은 뿌리가 섞여 있는데, 이건 껍질이 덜 벗겨져 있고 어두운 색이잖아요. 분명히 중국산이에요."

최인숙이 당황한 목소리로 물었다.

"인철아, 어떻게 된 거야? 내가 회장님께 드릴 거니까 꼼꼼히 알아보고 제일 좋은 거로 하라고 했잖아."

"나, 나는 약재상 주인이 국산이다, 최상품이다 하기에……."

최인철도 어리둥절해했다. 그렇다면 약재상 주인이 속인 걸까? 일행은 곧바로 최인철이 한약재를 구입했다는 읍내 약재상으로 향했다.

##  원인을 찾다

요리는 일단 약재상에 있는 약재들을 쭉 훑어보았다. 반 이상이 중국산이었다. 하지만 약재상 주인 김만득은 딱 잡아뗐다.

"말도 안 되는 얘기하지 말아요. 내가 약재상 한 지 30년이 넘었소. 젊은 아가씨가 뭘 안다고."

요리가 김만득을 보며 차분히 말했다.

"사실 한약재 중에 국내에서 재배되는 약재는 40~50종에 불과하다는 거 저도 잘 알아요. 국내에서 유통되는 한약재의 60~70% 정도가 수입 약재죠. 또 우리나라 기후에는 맞지 않아 아예 생산되지 않는 것도 많고, 국내 생산가가 높아 수입에 의존하는 약재가 많다는 사실도 잘 압니다."

김만득은 조금 놀라는 눈치였다.

"하지만 그래도 중국산을 국산이라고 속여 파시면 안 되죠."

얕잡아 보던 김만득은 요리가 한약재에 대해 상당한 지식을 지닌 것을 깨달았는지 갑자기 꼬리를 내렸다.

"그, 그렇지. 아유, 젊은 아가씨가 모르는 게 없네. 사실 사람들이 국산, 국산 하는데, 구하기 어려운 것도 많고 또 값도 비싸서 국산만 팔다가는 남는 게 없어……."

최인철이 버럭 화를 냈다.

"그럼 정말 속여 판 거요? 중국산을 국산으로?"

그러자 김만득은 싹싹 빌기 시작했다.

"아유, 미안해. 정말 미안해. 하지만 이 약재들은 중국산 중에서도 최상급이야. 중금속 검사도 다 하고 들어온 안전한 거라니까."

그때였다. 여태껏 듣고만 있던 차원이가 끼어들었다.

"그럼 다시 검사해 보면 되겠네요. 정말 안전한지 아닌지."

사람들의 시선이 동시에 차원이에게 쏠렸다.

"질량 분석을 해 보면 다 나와요."

요리가 슬쩍 웃었다. 차원이가 뭘 말하려는지 잘 알기 때문이었다.

"질량 분석이 뭔데?"

상준이가 물었다.

"물질을 계속 쪼개면 그 물질과 같은 성질을 가진 가장 작은 입자가 나오는데, 이를 '분자'라고 해. 이 분자를 더 잘게 쪼개면 물질을 구성하는 가장 기본 단위인 '원자'가 되지. 즉 원자가 모여 분자가 되고, 분자가 모여 물질이 돼."

"나도 그건 알아. 학교에서 배웠잖아."

상준이가 아는 척을 했다.

"그래. 질량 분석법은 분자의 분자량 또는 분자를 구성하는 원자의 원자량을 측정해 내는 방법 중 하나야. 그래서 물질이 어떤 분자나 원자로 되어 있는지 확인할 수 있지."

### 너무 작은 원자와 분자

원자 중에서 가장 작은 수소 원자의 지름은 1억분의 1cm 정도야. 1억 개나 되는 수소 원자를 한 줄로 쭉 세워 놓으면 길이가 겨우 1cm밖에 안 된다는 거지. 다시 말해 수소 원자의 크기를 1억 배 하면 지름이 1cm 정도인 구슬이 되는 거지. 그럼 분자의 크기는 어떠냐고? 물질마다 차이가 있는데, 보통 원자보다 10~20배 정도 크지.

차원이의 말에 요리가 덧붙여 설명했다.

"맞아. 질량 분석을 하는 기기를 질량 분석기라고 하는데, 물질에 유해 성분이 있는지를 확인할 때 많이 사용해. 그러니까 한약재를 질량 분석기로 분석해 보면 비소가 들어 있는지 아닌지를 알 수 있겠지."

"당장 해 봐요. 그럼 확실해질 테니까."

최인철이 나서며 말하자 김만득도 더 이상 아무 말 하지 못했다.

요리는 오리 농장에 남아 있던 한약재와 약재상의 중국산 한약재를 가지고 곧바로 과학수사연구소로 향했다. 마침 원소가 화학분석과에서 아르바이트를 하고 있어서 원소에게 질량 분석을 부탁했다.

다음 날 11시. 요리와 차원이는 과학수사연구소로 원소를 만나러 갔다. 원소가 분석 결과를 보여 주며 말했다.

"가져오신 한약재가 모두 중국산이라는 결과가 나왔어요. 감초, 당귀, 홍화, 백출 등의 한약재에서는 비소가 허용 기준치를 훨씬 웃도는 양이 검출되었고, 납과 카드뮴까지 나왔어요."

그렇다면 중국산 한약재에 들어 있던 비소가 오리에 축적되었고, 지속적으로 오리고기를 먹은 이 회장의 몸에 천천히 쌓여 비소 중독 증상을 일으킨 게 분명하다.

주치의인 김 박사는 현재 이 회장의 몸이 많이 쇠약해진 상태라 건강한 사람보다 훨씬 더 큰 영향을 받았을 거라는 소견을 말했다.

결국 비소 중독의 원인은 중국산 한약재로 밝혀졌다. 그래도 누군가가 나쁜 의도로 계획한 범행이 아니고, 무엇보다 초기에 증상을 발견한 게 정말 다행이었다.

최인숙과 최인철이 이선아에게 잘못을 빌었다.

"정말 죄송해요. 전 회장님께 더 잘해 드리려던 건데……. 어떻게 이런 일이……. 흑흑흑."

"누나는 잘못 없습니다. 제가 바보같이 약재상의 말만 믿다가 이렇게 된 거예요. 용서해 주십시오."

"두 분 다 모르고 한 일이니 어쩔 수 없죠. 요리 씨가 초기에 발견해 귀띔해 준 덕분에 이 정도에서 마무리된 게 다행이죠."

이선아는 두 사람을 용서하고 요리에게 고마움을 표시했다.

물론 중국산 한약재를 국산으로 속여 판 김만득은 경찰에 고발됐다. 게다가 그의 말과는 다르게 그가 판매한 중국산 한약재는 대부분 중금속 검사도 제대로 거치지 않고 들어온 것으로, 김만득이 사실을 알고도 더 많은 이익을 얻기 위해 속여 판 정황이 드러났다. 바로 자신만 안 먹으면 상관없다는 이기적인 생각과 대충 속여 팔아도 별일 없을 거라는 안전 불감증이 낳은 결과였다.

"고차원, 제법이던데!"

요리가 차원이를 칭찬했다. 보통 이럴 땐 겸손하게 '아닙니다' 하거나 '감사합니다'라고 대답한다. 그러나 고차원은 다르다.

"당연하죠. CSI인데!"

역시 잘난 척 왕다운 대답이다. 하지만 밉지 않으니 그것 또한 차원이의 매력이 아닐까?

 ## 차원이가 들려주는 사건 해결의 열쇠

비소 중독의 원인을 찾던 중 오리에게 먹인 중국산 한약재에 비소가 들어 있었다는 사실을 알아낸 것은 분자와 분자량에 대해 잘 알았기 때문이야.

### 💡 원자와 분자

우리 주변에는 무수히 많은 물질이 있어. 물질을 계속 쪼개면 그 물질과 같은 성질을 가진 가장 작은 입자가 나오는데, 이를 '분자'라고 해. 이 분자를 더 잘게 쪼개면 물질을 구성하는 가장 기본 단위인 '원자'가 되지.

분자 중에는 아르곤(Ar), 헬륨(He)과 같이 1개의 원자로 된 것이 있고, 수소($H_2$), 산소($O_2$), 오존($O_3$)처럼 같은 종류의 원자끼리 모인 것, 또 물($H_2O$), 황산($H_2SO_4$)과 같이 다른 종류의 원자가 모여 분자를 이루는 것도 있어.

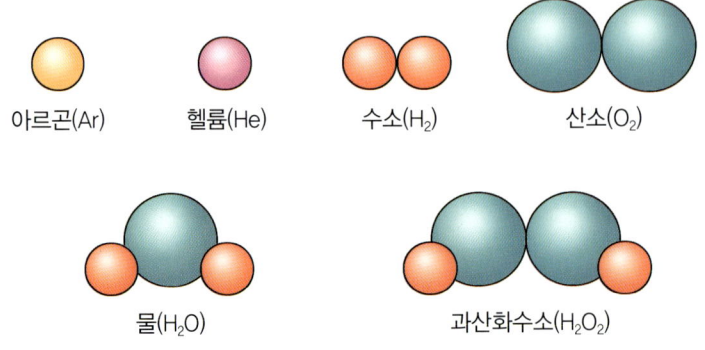

〈분자의 결합 방법〉

물질의 분자가 어떤 원자 몇 개로 이루어졌는지를 나타내는 것을 '분자식'이라고 해. 물의 분자식은 $H_2O$로, 수소 원자(H) 2개와 산소 원자(O) 1개가 모여 물 분자가 됐다는 뜻이야. 수소 원자(H) 2개와 산소 원자(O) 2개가 모이면 분자식은 $H_2O_2$겠지? 이건 상처를 소독하는 데 쓰는 과산화수소의 분자식이야.

## 원자량과 분자량

분자 질량(또는 분자량)은 그 분자를 이루는 원자들의 원자 질량(또는 원자량)의 합으로 계산할 수 있어. 하지만 원자와 분자의 질량은 매우 작기 때문에 '그램(g)'을 써서 나타내면 불편해. 그래서 탄소 동위원소(C)의 질량을 12로 놓고, 이를 기준으로 모두 그에 대한 상대적 질량비를 따져 원자량을 나타내지.

분자량은 분자식과 구성 원자의 원자량을 알면 구할 수 있어. 물 분자의 분자식은 $H_2O$고, 수소 원자 2개와 산소 원자 1개로 이루어졌다는 뜻이야. 수소 원자의 원자량은 1이고 산소 원자의 원자량은 16이니까 물 분자의 분자량은 $(1 \times 2) + 16$으로 계산해 18인 걸 알 수 있지.

수소 원자, 원자량 1

산소 원자, 원자량 16

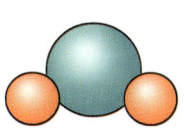
물 분자, 분자량 18

과산화수소 분자량을 구해 봐!

### 💡 질량 분석법

질량 분석법은 분자의 분자량 또는 분자를 구성하는 원자의 원자량을 측정하는 방법 중 하나야. 그래서 질량 분석법을 활용하면 물질이 어떤 분자나 원자로 되어 있는지 확인할 수 있지. 예를 들어 측정한 분자의 질량이 수소 분자량과 같으면, 그 분자는 바로 수소 분자인 거지.

질량 분석을 하는 기기를 질량 분석기라고 해. 먼저 분석하려고 하는 물질을 분해해서 분자를 기체 상태의 이온으로 바꿔야 돼. 고체나 액체 상태에서는 각각의 분자가 떨어지지 않지만 기체 상태에서는 분자 단위로 떨어지기 때문이지.

이 이온을 전기장이나 자기장 속으로 통과시키면 분자량이나 원자량에 따라 휘는 정도가 달라져. 이를 분석하면 물질이 어떤 분자나 원자로 되어 있는지 알 수 있지.

〈질량 분석기〉

## 💡 비소란?

비소의 원소 기호는 As야. 비소 원자는 산소(O), 염소(Cl), 황(S) 등의 원자와 결합해 비소화합물을 만들어. 그런데 비소화합물은 구리나 기타 금속을 만드는 데 쓰이거나 목재 방부제, 살충제, 제초제 등으로 사용되면서 공기와 식품, 물을 오염시키지.

사람이 비소에 오염된 공기를 마시거나 농작물 또는 어패류를 먹으면 비소에 중독될 수 있어. 비소에 중독되면 신체의 피부 색소가 과하게 나타나면서 검붉은 반점이 생겨. 또 손발이 거칠어지고 광택이 없어지고, 몸의 감각이 무뎌져. 중독이 심하면 온몸이 마비되고 정신이 혼미해져 사망할 수도 있지.

그러니까 생각해 봐. 중국산 한약재를 질량 분석기로 분석한 결과 비소 원자가 들어 있다는 것을 알아냈고, 비소 중독의 원인이 바로 그 한약재를 달인 물을 먹고 자란 오리였다는 사실을 밝혀낸 거지.

핵심 과학 원리   GPS

# 금은방 털이범을 추적하라!

"저, 지금이라도 그냥 연서 경찰서에서 수사하라고 하는 게 낫지 않을까요?"
하수의 말에 신 형사는 잠시 아무 말도 하지 않았다.
CSI 아이들에게 실망한 게 분명했다.

## 태산이와 신 형사

한 학기의 반이 지나면서 아이들은 학교생활에 꽤 익숙해졌다. 차원이와 마리, 하수는 서로 친해져 이야기도 많이 하고 공부도 같이 했다. 그런데 태산이는 여전히 혼자 겉돌고 있었다. 아이들도 처음에는 태산이에게 말도 시키고 같이 공부하자고 부르기도 했지만 그때마다 돌아오는 건 태산이의 싸늘한 반응이었다. 그러니 아직까지 태산이와는 서먹했다.

사실 태산이가 CSI가 된 가장 큰 이유는 일본으로 돌아가기 싫어서였다. 아빠가 형사 학교에 들어가지 않으면 일본으로 데려가겠다고 으름장을 놓았기 때문이다. 또 다른 이유는 소심한의 사건을 맡으면서 자신의 옛날 일이 떠올랐기 때문이다.

여섯 살 때 일본에 간 태산이는 일본어를 하나도 못해 유치원 친구들에게 왕따를 당했다. 그리고 따돌림은 소학교(일본의 초등학교)에 들어가서도 계속 이어졌다.

왕따에서 벗어난 건 불과 2년 전. 태산이를 왕따시키는 데 앞장섰던 아이랑 태산이가 한판 붙은 적이 있었다. 그때 태산이가 이긴 뒤부터 아이들은 태산이를 무서워했고, 몇몇은 태산이랑 친해지고 싶어 했다. 하지만 이미 마음의 문을 닫아 버린 태산이는 누구와도 어울리고 싶지 않았다.

희미한 기억이지만 한국에서는 친구들과 어울리며 행복했던 게 떠올라 태산이는 무조건 한국으로 도망쳤다. 그런데 3일 만에 아빠한테 잡히고, 결국 형사 학교까지 입학하게 된 것이었다.

그런데 이번엔 한국 아이들하고도 어울리기 힘들었다. 솔직히 아이들의 말에 어떻게 반응해야 할지, 어떻게 친해져야 할지 감이 안 잡혔다. 한국말이 서툰 게 자존심 상해 별로 말하고 싶지도 않았다. 한국인도, 일본인도 아닌 자신은 도대체 누구인지 혼란스러웠다. 태산이에게 위안이 되어 주는 건 오직 기타뿐이었다.

태산이는 형사 학교 안에 자신만의 아지트를 만들었다. 바로 학교 뒤뜰의 낡은 벤치. 기숙사에서 기타를 치면 아이들에게 방해가 되는 것 같아 학교 구석구석을 뒤진 끝에 발견한 곳이었다.

아침 수업이 시작되기 전, 태산이는 기타를 메고 아지트를 찾았다. 그런데 예상치 못한 일이 벌어졌다. 신 형사가 바로 그 벤치에 앉아 있는 게 아닌가! 역시나 가부좌를 틀고 명상을 하고 있었다.

'옥상은 어쩌고 여기 와 계신 거지?'

태산이는 속상했다. 자기 영역을 빼앗긴 기분이었다. 할 수 없이 발길을 돌리려는데, 바로 그때였다.

"알을 깨고 나오세요. 그래야 세상이 보입니다."

태산이는 자신에게 하는 말인가 싶어 신 형사를 돌아봤다. 신 형사는 아직 가부좌를 틀고 눈을 감고 있었다.

태산이는 신 형사의 말이 무슨 뜻인지 이해되지 않았다. 신 형사가 다른 말을 더 할까 기다려 보았지만 그게 다였다. 하여간 자신의 아지트를 빼앗긴 것만은 분명했다.

그 시간 마리는 수업에 필요한 책을 챙기고 있었다. 그런데 그때 할머니에게서 전화가 왔다. 마리는 반가운 마음에 얼른 전화를 받았다.

"할머니!"

"우리 강아지 잘 잤니? 아침밥은 먹었어?"

"네. 방금 먹었어요. 이제 수업 들어가려고요."

"그렇구나. 그런데 할미가 부탁할 일이 좀 있는데……."

'부탁할 일? 할머니가 나한테?'

처음 들어 본 말이다. 엄마가 돌아가신 뒤 시골에 계시던 할머니가 올라와 마리를 돌봐 주셨다. 그때부터 할머니는 마리에게 엄마였다. 마리가 엄마의 빈자리를 느낄까 노심초사하며 한시도 마리 옆을 떠나지 않으셨다. 마리는 할머니가 어디 아프신가 싶었다.

"할머니, 어디 편찮으세요?"

"아니, 그런 게 아니라 마리 너도 반짝 금은방 알지?"

반짝 금은방이라면 마리네 동네에 있는 보석상이다. 마리가 아주 어렸을 때부터 있었고, 할머니가 그 집 아주머니와 친하게 지내셔서 마리도 가끔 놀러가곤 했다.

"당연히 알죠."

"어젯밤에 그 집에 도둑이 들었어."

"도둑이요? 그럼 경찰에 신고부터 해야죠."

"했지. 그런데 사람들이 네가 CSI 된 거 알잖아. 금은방집 주인이 나한테 직접 전화를 했더라고. 좀 도와 달라고. 그렇게 부탁하니 모른 척할 수가 없어서……."

마리는 좀 난감했다. 선배들의 뛰어난 활약 덕분에 CSI에 관한 이야기가 책으로 나왔을 뿐만 아니라 TV 드라마까지 만들어지면서 웬만한 사람은 CSI를 다 알게 됐다. 게다가 우리나라 최고의 과학 영재들만 들어간다고 알려져서 마리가 CSI가 됐다고 하자, 동네에 난리가 났었다. 덕분에 할머니는 물론이고, 처음엔 반대했던 아빠까지도 으쓱해하셨다.

하지만 마리는 아직 정식 수사를 해 본 적이 없었다. 또 벌써 경찰에 신고된 사건이면 당연히 관할 경찰서에서 수사가 이루어질 것이기 때문에 선뜻 대답할 수 없었다.

"제가 좀 알아보고 전화드릴게요."

마리는 먼저 신 형사에게 의논했다. 신 형사는 신중하게 말했다.

"도와 드리는 게 도리인데 우리끼리 결정할 문제는 아니네요. 교장 선생님께 먼저 여쭤 보지요."

그런데 공 교장은 의외로 흔쾌히 승낙했다.

"잘 됐네. 이 사건 신 형사가 아이들과 함께 맡아 봐. 책상에 앉아 공부하는 것도 좋지만 직접 부딪쳐 봐야 배우는 것도 많지 않겠어?"

신 형사는 잠시 생각하더니 대답했다.

"네. 그렇게 하겠습니다."

드디어 아이들이 정식으로 사건을 맡게 된 것이다. 이 소식을 들은 차원이는 주먹을 불끈 쥐었다.

'좋아, 내 실력을 보여 주겠어!'

## 첫 사건을 수사하다

곧바로 신 형사와 아이들은 마리네 동네의 반짝 금은방으로 향했다. 가게 앞쪽의 대형 유리가 깨져 가게 안에 흩어져 있었고, 진열대의 유리도 거의 다 깨져 있었다. 마리가 물었다.

"보안 장치가 없었나요?"

"당연히 있었지. 그런데 보안 업체 사람이 도착하기 전에 다 가지고 도망갔더라고."

주인아주머니가 속상해하며 대답했다. 차원이가 물었다.

"내부에 CCTV가 있지 않나요?"

"그건 연서 경찰서에서 가져갔어."

연서 경찰서에서 나온 형사가 벌써 현장 사진도 찍고, CCTV 데이터도 가져갔다고 했다. 신 형사와 아이들은 연서 경찰서로 갔다. 담당 형사는 안서진 형사. 공 교장에게 CSI가 사건을 맡겠다는 연락을 받아 안 형사는 지금까지 조사한 자료를 넘겨주었다.

"CCTV 확인 결과, 범행 시간은 새벽 3시 5분. 남자 두 명이 가게 앞쪽 유리창을 벽돌로 깨고 들어왔습니다. 주변에서 흔히 볼 수 있는 빨간 벽돌이죠. 유리창이 깨지는 소리와 함께 두 명의 남자가 CCTV에 찍혔습니다. 하지만 모자와 복면으로 얼굴을 가려 화면만으로 신원을 파악하긴 어려운 상황입니다."

CCTV에 찍힌 범인들은 보안 장치가 작동해 사이렌이 울리는데도 전혀 당황하지 않는 모습이었다. 한 명은 벽돌로 진열장 유리를 깨고, 다른 한 명은 가져온 자루에 보석들을 쓸어 담았다. 이 남자는 진열장의 보석들을 닥치는 대로 담더니, 시계를 봤다. 정확히 1분 30초가 막 지난 시각. 두 남자는 한 치의 망설임도 없이 그대로 나갔다. 보안 업체가 오기 전에 도망간 것이다.

　　범인들이 도망간 지 1분 30초가 지나서야 보안 업체 직원이 도착했다. 깨진 유리창과 도둑맞은 현장을 보면서 허탈해하는 모습이 고스란히 찍혀 있었다.

　　신 형사가 아이들에게 물었다.

　　"자, 이제부터 뭘 해야 할까요?"

　　침묵이 흘렀다. 처음 정식으로 맡은 사건. 사실 시키는 건 할 수 있지만 아이들 스스로 알아서 수사 방향을 정하고, 수사를 해 나가는 건 쉬운 일이 아니었다. 수업 시간에 배울 때는 다 알겠고 잘할 수 있겠다고 생각했던 아이들도 막상 닥치니 무엇부터 해야 할지 판단이 안 섰다.

　　아이들의 마음을 알았는지 신 형사가 물었다.

　　"사건 현장을 봤으니까 일단 궁금한 거나 의심이 가는 것부터 생각해 보세요."

　　먼저 차원이가 말했다.

　　"사실 잘사는 동네도 아니고……."

순간 차원이는 실수했다 싶었다. 마리네 동네인 걸 깜빡한 것이다. 그러나 마리는 웃으며 말했다.

"하하. 맞아. 우리 동네 잘사는 동네 아니야. 그래서? 계속해 봐."

역시 마리는 쿨하다. 차원이가 말을 이었다.

"그, 그래. 잘사는 동네도 아니고 게다가 오래된 금은방이에요. 값나가는 귀금속을 더 많이 가진 금은방도 많을 텐데 왜 하필 여기를 노렸을까요?"

마리가 의견을 말했다.

"혹시 우리 동네를 잘 아는 사람이 아닐까? 평소에 잘 아는 곳이니까 그렇게 빠른 시간 안에 범행을 저지르고 도망갈 수 있었을 거야."

그러자 하수는 다른 의견을 냈다.

"일부러 동네 금은방을 노렸을 수도 있어. 아무래도 보안이 허술할 테니까."

신 형사가 두 의견을 정리했다.

"그러니까 가능성은 두 가지네요. 사건 장소에 익숙한 동네 사람 또는 보안이 허술한 것을 노린 다른 지역 사람. 자, 이제 여러분이 해야 할 일은 무엇일까요?"

"일단 동네 사람 중에 수상한 사람을 찾아봐야죠."

"목격자가 있는지도 알아보고요."

차원이와 하수가 차례로 대답했다. 마리도 의견을 말했다.

"범인들이 보안이 허술한 것을 노렸다면 사전에 답사를 왔다 갔을 수도 있지 않을까요? 주인아주머니께 수상한 사람이 있었는지 여쭤 보고 CCTV에 수상한 사람이 찍혔는지 확인해 봐요."

마지막으로 신 형사가 태산이를 쳐다봤다. 하지만 듣는 둥 마는 둥 하는 태산이. 신 형사가 물었다.

"태산이는 궁금한 거 없어요?"

"네."

역시 시큰둥한 반응이었다.

'수사를 하겠다는 거야, 말겠다는 거야?'

차원이는 혼자 따로 노는 태산이가 줄곧 맘에 안 들었다. 신 형사가 말했다.

"좋아요. 그럼 마리랑 하수는 주인아주머니를 만나서 수상한 사람이 있었는지 여쭤 보고, 예전 CCTV 데이터에서 의심스러운 사람을 찾아보세요. 그리고 차원이랑 태산이는 목격자가 있나 찾아보세요."

아이들은 다시 사건 현장으로 갔다. 마리와 하수는 금은방으로 가서 주인아주머니께 물었다.

"최근에 왔던 사람 중에 낯선 사람이나 의심 가는 사람은 없었나요?"

"별다른 사람은 없었어. 가만……."

아주머니는 뭔가 생각난 듯했다. 그러나 이내 말했다.

"아이, 아닐 거야."

"아무리 사소한 거라도 다 말씀해 주세요."

하수가 아주머니를 재촉했다.

"마리, 너도 알지? 저기 파란 대문 집에 사는 총각."

그 사람이라면 마리도 잘 알았다. 이름은 박찬모. 한동네에 살아 가끔 마주칠 때가 있었는데 그때마다 좀 불성실해 보이긴 했다. 같이 몰려다니는 친구들도 그리 착해 보이진 않았다. 언젠가 할머니께서 그 사람이 일도 안 하고 놀러만 다녀서 그 집 어머니가 걱정이 많다고 말씀하셨던 적도 있었다.

"알아요, 그 아저씨. 그 아저씨가 왜요?"

"의심하긴 좀 그런데, 한 3일 전인가? 여자 친구한테 줄 반지를 산다고 와서는 이것저것 한참 고르더니 그냥 갔어. 별로 살 생각도 없는 것 같은데 괜히 와서 왜 저러나 싶었거든. CCTV 데이터가 일주일 정도 보관되니까 거기에 아직 남아 있을 거야."

마리와 하수는 아까 경찰서에서 증거 자료로 받은 CCTV 데이터를 돌려 봤다. 3일 전, 박찬모가 가게에 들렀을 때의 상황이 그대로 남아 있었다. 아주머니 말대로 한참 이것저것 고르긴 하는데 살 맘이 있어 보이진 않았다. 하지만 그것만 가지고 의심할 수는 없는 일. 마리와 하수는 박찬모를 만나 보기로 했다.

##  용의자를 찾다

한편 차원이와 태산이는 동네를 돌며 목격자를 찾았다. 한참을 돌아다닌 끝에 다행히 슈퍼에서 한 아저씨를 만났다. 반짝 금은방이 있는 건물, 바로 뒤에 사는 아저씨였다.

"어제 낮에 나갔다 들어오는데 남자 둘이 금은방 건물 뒤쪽에서 기웃거리고 있었어. 대수롭지 않게 생각하고 지나쳤지. 그런데 누가 여기, 우리 집 대문 앞에 차를 떡하니 세워 놨더라고."

차 안에 사람이 있나 들여다보는데 누군가 뒤에서 "뭐 하는 거예요?" 하고 버럭 화를 냈다는 것.

"보니까 그 남자들이더라고. 눈을 부릅뜨면서 왜 남의 차를 들여다보냐는 거야. 그래서 남의 집 앞에 차를 대 놓고 무슨 소리냐고 했더니, 차를 타고 내빼더라고."

"혹시 차 번호 기억나세요?"

차원이가 물었다.

"유심히 안 봐서 그건 모르겠네. 차종은 검은색 말로타였어."

충분히 의심스러운 상황이다.

"나이는 서른대여섯쯤, 모자를 쓰고 있어서 얼굴은 잘 못 봤어. 한 사람은 키가 크고 다른 사람은 보통이었어. 둘 다 마른 편이었고."

금은방 주변을 미리 살펴보러 왔을 가능성이 매우 높았다. 주차장 CCTV에 찍히지 않기 위해 금은방 뒤쪽으로 와 차를 댄 게 분명하다. 차원이는 범인에 대해 꽤 쓸 만한 증거를 찾았다는 생각에 기분이 좋았다. 하지만 수사는 안 하고 계속 딴짓만 하는 태산이를 보니 부글부글 화가 치밀었다. 아무리 일본에서 오래 살았다지만 그런 태도는 도무지 이해되지 않았다.

그 시간, 마리와 하수는 박찬모 집의 초인종을 누르고 있었다. 다행히 박찬모는 집에 있었다.

"어, 너 문구점? 맞지?"

박찬모도 문구점에서 몇 번 본 마리를 알아보았다. 마리는 망설였다. 한동네 사람을 의심하는 것이 나쁜 짓처럼 느껴졌다. 그래서 처음에는 돌려 물었다.

"어젯밤에 반짝 금은방에 도둑이 들었는데, 혹시 이 근처에서 수상한 사람 못 보셨어요?"

"도둑? 글쎄. 못 봤는데."

박찬모는 대수롭지 않게 대답했다. 마리가 다시 주저주저하며 물었다.

"그럼……. 어젯밤에는 뭐 하셨어요?"

"며칠 전 낮에 반짝 금은방에 와서 한참 이것저것 고르다 그냥 가셨다던데……."

하수가 얼른 끼어들었다.

박찬모는 마리와 하수가 찾아온 이유를 알아차리고 기막힌 표정으로 대답했다.

"그래, 맞아. 여자 친구랑 나눠 낄 커플링 사러 갔는데 금은방이 하도 후져서 아무리 봐도 맘에 드는 게 없길래 그냥 나왔다."

그러더니 자기 손가락에 낀 반지를 보이며 말했다.

"그래서 다른 곳에 가서 샀다. 왜?"

그때였다.

"마리, 너 지금 뭐 하는 거니? 우리 아들을 도둑으로 의심하는 거야?"

박찬모의 엄마가 나오며 소리쳤다.

"그게 아니라……."

"CSI인가 뭔가 됐다고 할머니가 하도 자랑을 하시기에 대견하다고 했더니, 아무나 막 의심하는 게 CSI니? 어떻게 그럴 수 있어? 한동네에 살면서!"

마리는 찔끔 눈물이 나왔다. 하수도 어찌할 바를 몰랐다. 그때였다.

"아유, 수사하다 보면 그럴 수도 있지."

마리의 할머니였다.

"찬모가 며칠 전에 금은방에 갔었으니까 일단 조사해 보는 거지. 원래 이런 일 생기면 지나가는 멍멍이도 붙잡고 물어보는 거야."

지나가는 멍멍이를 붙잡고 물어보다니. 마리와 하수는 저도 모르게 피식 웃음이 나왔다. 마리 할머니가 일부러 웃기게 말씀하신 거였다.

아주머니와 박찬모도 마음이 조금 풀어진 듯했다. 아주머니가 말했다.

"우리 아들은 엊저녁에 8시쯤 들어와서 지금까지 집에 있었어. 그건 내가 보증할게."

그렇다면 박찬모는 알리바이가 확실하다는 얘기다.

"기분 나쁘셨다면 죄송해요."

마리는 아주머니와 박찬모에게 고개 숙여 인사했다.

돌아오는 길, 할머니가 마리의 등을 두드려 주며 말씀하셨다.

"너무 신경 쓰지 마. 훌륭한 형사가 되려면 더 용기 있게 해야지."

마리는 고개를 끄덕였다.

금은방 털이범을 추적하라! 109

"네. 할머니, 저 학교로 돌아가야 되니까 할머니는 집에 들어가세요."
"아유, 내 걱정은 말고 가. 어서 가."
마리와 하수는 할머니께 인사하고 학교로 향했다. 하수가 말했다.
"마리 넌 할머니가 계셔서 좋겠다. 난 친할머니, 외할머니 두 분 다 돌아가셨는데."
그러자 마리가 웃음을 띠며 말했다.
"그 대신 넌 엄마가 계시잖아."
하수는 처음엔 무슨 소리인 줄 몰랐다. 그러다 뒤늦게 마리는 엄마가 없다는 사실을 깨달았다. 그리고 보니 입학식 때도 마리의 엄마를 못 봤다. 하수는 당황했다.
"미안. 몰랐어."
그러나 마리는 아주 밝은 표정으로 말했다.
"괜찮아. 네 말대로 난 할머니가 있으니까. 하하하."
하수는 공연히 마리의 아픔을 건드린 것 같아 미안했다.

##  일촉즉발의 순간

학교로 돌아온 아이들은 신 형사에게 수사 결과를 전했다. 박찬모에게는 알리바이가 있고 특별히 의심스러운 점도 없었다. 그렇다면 금은방 건물 뒤쪽에 주차했던 두 남자가 의심스러운데, 차가 검은색 말로타인 것 외에는 특별한 단서가 없었다. 그것만 가지고 두 사람을 추적하기는 어려웠다. 신 형사가 물었다.

"자, 그럼 이제 어떻게 해야 될까요?"

아이들은 쉽게 방법이 떠오르지 않았다. 한참을 고민한 끝에 차원이가 대답했다.

"바로 앞길이나 뒷길의 CCTV를 찾아보면 어떨까요? 검은색 말로타를 찾아보면 되잖아요."

신 형사가 말했다.

"좋은 의견이에요. 자, 또?"

마리가 의견을 말했다.

"귀금속을 훔쳐 갔으니까 팔려고 할 거예요. 신문 기사를 보면 그러다 잡히기도 하던데……."

신 형사가 이번에도 고개를 끄덕이며 대답했다.

"네. 그것도 좋은 의견이에요. 그럼 태산이와 차원이는 현장 주변 도로의 CCTV를 찾아보고, 마리와 하수는 나랑 같이 장물 파는 곳에 가 볼까요?"

태산이와 차원이는 다시 연서 경찰서로 갔다. 주변 도로의 CCTV를 확인하고 싶다고 하자 사건을 담당했던 안서진 형사가 말했다.

"벌써 다 찾아봤지. 범행 시간에 금은방 앞 도로에서 대기한 차는 없었어. 그렇다면 차를 건물 뒤에 댔다는 말인데, 뒷길에는 주변 100m 이내에 CCTV가 없거든."

결국 CCTV로 증거를 찾는 건 포기해야 하는 상황. 사건이 뭔가 착착 해결되어야 하는데 영 진척이 없자, 차원이는 자존심이 상했다. 게다가 같이 다니는 태산이는 수사에 전혀 관심이 없었다. 그런 태산이가 차원이는 갈수록 거슬렸다. 차원이가 경찰서에서 나오다 갑자기 멈춰 서며 말했다.

"야, 강태산!"

뒤따라오던 태산이가 무심한 얼굴로 쳐다봤다. 차원이가 쏘아붙였다.

"넌 왜 따라왔니?"

"신 형사님이 가라고 해서."

"참 나! 그럼 넌 수사 안 해?"

"수사? 네가 지금 잘하고 있잖아."

그러더니 휙 지나가 버리는 태산이. 차원이는 부글부글 화가 났지만 사건도 해결하기 전에 싸울 수는 없다는 생각으로 꾹 참았다.

마리와 하수는 신 형사를 따라 귀금속 도매상 밀집 지역으로 갔다. 신 형사는 거기가 장물이 많이 나오는 곳이라고 했다. 신 형사가 한 상점 앞에 멈추더니 주인에게 물었다.

"형, 뜬 거 없어?"

"없어. 있었으면 벌써 연락했지."

"장물을 사는 것도 범죄인 거 알지?"

"당연히 알지. 걱정 마. 뜨면 바로 전화할 테니까."

도매상 주인들하고 형, 동생하며 반말까지 하는 신 형사. 신 형사한테 이런 면도 있다니! 처음 보는 신 형사의 모습에 마리와 하수는 놀랐다.

신 형사와 여자아이들이 학교로 왔을 때 차원이와 태산이는 벌써 돌아와 있었다. 그런데 차원이의 표정이 좋지 않았다. 태산이도 마찬가지였다. 둘 사이에 어딘가 모르게 찬바람이 도는 게 느껴졌다. 하수가 조심스레 물었다.

"둘이 무슨 일 있었어?"

"일은 무슨."

차원이는 대수롭지 않게 대답했고, 태산이는 들은 척 만 척이었다.

신 형사는 감을 잡았다. 언젠가 이런 일이 터질 줄 알았다. 하지만 자기가 간섭할 일이 아니라고 판단했다. 어차피 아이들끼리 해결해야 할 문제고, 태산이가 마음을 열어야 할 일이니까.

신 형사는 아이들 사이의 일은 모른 척하고 다시 물었다.

"자, 그럼 이제 어떻게 해야 할까요?"

지난번 백골 사체 사건 때를 돌이켜 보면, 어 교감은 언제나 아이들이 해야 할 일을 명령했었다. 그러니 아이들은 시키는 대로만 하면 됐다. '다음엔 또 뭘 조사해야 하나?' 하는 생각에 막막하지는 않았다.

하지만 신 형사는 다르다. 뭘 하라고 명령하지 않는다. 어떻게 해야 할지를 아이들에게 묻는다. 차라리 명령을 내리면 훨씬 더 쉬울 텐데, 처음 사건을 맡은 아이들이 스스로 해결 방법을 생각하고 찾기란 결코 쉬운 일이 아니었다. 그러다 보니 이리저리 헤매고만 다니고 날은 벌써 깜깜해졌다. 하수는 괜히 자신들이 수사를 맡아 경찰이 잡을 수 있는 범인도 놓치고 마는 건 아닐까 걱정됐다.

"저, 지금이라도 그냥 연서 경찰서에서 수사하라고 하는 게 낫지 않을까요?"

하수의 말에 신 형사는 잠시 아무 말도 하지 않았다. CSI 아이들에게 실망한 게 분명했다.

"오늘은 늦었으니 이만 자고, 내일 아침에 다 같이 의논해서 수사 중단할 거면 얘기해 주세요."

신 형사가 나가자 하수가 쭈뼛쭈뼛 말했다.

"미안해. 너희 생각은 물어보지도 않고 불쑥 말해서."

"아니야. 솔직히 나도 걱정하고 있었어. 괜히 실력도 없는 우리가 사건을 맡아서 시간만 자꾸 보내는 건 아닌지, 시간이 갈수록 범인 잡기는 더 힘들어질 텐데 이러다 정말 못 잡는 건 아닌지 하고."

마리가 힘이 빠진 채 말했다.

차원이도 비슷한 걱정을 하던 차였다. 처음에는 잘할 자신이 있었는데, 시간이 갈수록 점점 자신이 없어졌다. 의심 가는 용의자는 찾았지만 그 사람들이 검은색 말로타를 탔다는 것 외에는 아무런 단서도 찾지 못했다. 게다가 팀워크도 전혀 맞지 않았다.

"강태산, 너도 뭔가 해야 되지 않겠어?"

차원이가 삐딱하게 말했다. 태산이는 퉁명스럽게 대답했다.

"뭘?"

그러자 차원이가 벌떡 일어나며 소리쳤다.

"하기 싫으면 관두든지! 왜 남한테 피해를 입히는 건데?"

순식간에 분위기가 싸늘해졌다. 마리와 하수가 깜짝 놀라 말렸다.

"왜 그래, 차원아. 싸우지 마."

꾹 참아 왔던 차원이가 결국 터뜨린 것이다. 그러나 태산이는 이유를 모르겠다는 듯 낮은 목소리로 물었다.

"난 가만히 있었는데, 내가 무슨 피해를 입혔지?"

"가만히 있는 거, 그게 바로 문제라고. CSI라면 너도 같이 사건을 해결해야 될 거 아냐! 에잇!"

차원이는 버럭 소리를 지르고는 그대로 나가 버렸다.

"어떡해."

하수가 걱정하며 말했다. 하지만 태산이는 여전히 무표정이었다. 마리는 태산이가 마음을 열지 않는 데는 이유가 있을 거라고 생각해 왔다. 하지만 오늘처럼 무심한 건 좀 심하다는 생각이 들었다.

그날 밤 차원이는 좀체 잠이 오지 않았다. 태산이가 맘에 들지 않았지만 그게 하루 이틀 일도 아니고, 솔직히 사건 수사가 제대로 되지 않자 그 화를 태산이에게 냈다는 걸 스스로 알았기 때문이었다. 자신의 옹졸한 모습을 들킨 것 같아 창피했다.

다음 날 아침, 아이들이 다시 모였다.

"어떻게 할래? 난 너희 결정에 따를게."

"나도 그렇게."

마리와 하수가 이렇게 얘기하자 차원이가 의견을 말했다.

"처음 맡은 사건인데 포기할 수는 없어. 그건 CSI의 이름에 먹칠하는 거라고 생각해."

그때였다. 가만히 듣고 있던 태산이가 혼잣말처럼 중얼거렸다.

"전문가야."

뜬금없는 얘기에 무슨 말인가 싶어 마리가 다시 물었다.

"뭐라고?"

"범인은 완전 전문가라고."

순간, 마리는 번쩍!

"맞다! 초범이라면 1분 30초라는 짧은 시간에 그렇게 일사불란하게 범행을 저질렀을 리 없어."

"또 있어. 보안 장치가 울리면 예상을 했더라도 마음이 급해지는 게 사람 심리야. 그런데 범인들은 긴장하지 않았어. 또 보통 사람이라면 정확히 1분 30초만 훔치고 나가기 어려웠을 거야. 물건을 보면 욕심이 나니까."

그렇다. 그렇게 칼같이 시간을 지키고, 남은 물건들을 놔두고 나갔다는 건 분명 한두 번 해 본 솜씨가 아니라는 뜻이었다.

"태산이 너, 대단하다!"

하수가 감탄하며 칭찬하자 차원이는 울컥했다.

'뭐야! 그렇게 잘 알면서 왜 여태껏 아무 말도 안 한 거야?'

그때 신 형사가 들어왔다.

"결정했나요?"

"계속 수사하고 싶어요."

마리가 활기차게 대답했다.

"여러분도 같은 의견인가요?"

신 형사가 다른 아이들을 둘러보며 물었다.

"네."

차원이와 하수가 같이 대답했고 태산이도 천천히 고개를 끄덕였다. 신 형사의 입가에 슬며시 웃음이 번졌다. 마리가 말했다.

"태산이는 전문가의 소행 같다는데, 저희도 태산이 생각이 맞는 것 같아요."

"그래요? 그럼 강태산, 이제 어떻게 해야 될까요?"

태산이가 대답했다.

"최근에 비슷한 사건이 있었는지, 같은 범죄를 저질렀던 사람이 있는지 찾아봐요."

신 형사가 만족한 웃음을 띠고 말했다.

"좋아요. 그럼 새로 시작하는 마음으로 수사해 볼까요? 차원이랑 하수는 최근 일어난 절도 사건 중에 비슷한 사건이 있었나 찾아보고, 태산이랑 마리는 전과자 중에서 같은 범죄를 저질렀던 사람이 있나 조사해 보세요."

##  첫 번째 사건을 해결하다

차원이와 하수가 최근에 발생한 금은방 절도 사건을 조사해 보니, 모두 두 건이었다.

"이 방아동 사건, 이번 사건이랑 많이 비슷해."

하수가 사건 기록 두 개 중 하나를 가리키며 말했다.

일주일 전에 방아동 금은방에서 일어난 사건으로, 범인이 두 명인 것도 똑같고 유리창을 벽돌로 깨고 들어가 1분 30초 만에 범행을 저지르고 도망간 점도 똑같았다. 게다가 방아동은 마리네 동네처럼 서울 외곽 동네였고 사건이 일어난 금성 귀금속 역시 오래된 보석상이었다.

마리와 태산이는 전과자 중에서 같은 범죄를 저질렀던 사람이 있는지 조사했다.

그 결과, 3년 전 금은방 세 곳을 털다 붙잡힌 양재범이라는 사람이 두 달 전에 출소한 사실을 알아냈다. 그때 같이 범행을 저질렀던 이기동은 그보다 빠른 6개월 전에 출소해 있었다. 그렇다면 두 사람이 유력한 용의자가 아닐까?

아이들이 조사한 내용을 보고하자, 신 형사는 방아동 절도 사건을 담당하고 있는 방아 경찰서 박우성 형사에게 전화했다.

"우리도 양재범이랑 이기동을 유력한 용의자로 보고 행방을 찾고 있습니다."

박 형사는 두 사람의 이름으로 등록된 차가 없다는 사실을 확인했고, 두 사람이 사건 당일 한 렌터카 업체에서 검은색 벤조를 빌린 사실을 알아냈다고 했다.

"그럼 검은색 말로타도 렌터카일 확률이 높겠네요."

하수의 말에 혹시나 하며 같은 업체에 알아보았지만, 그 이후에는 거기에서 차를 빌리지 않았다고 했다. 아이들은 수도권 지역을 중심으로 다른 렌터카 업체에 일일이 전화를 걸어 확인하기 시작했다. 그리고 마침내 사건 전날 양재범이라는 사람에게 차를 빌려 줬다는 곳을 찾아냈다. 씽씽 렌터카. 곧바로 씽씽 렌터카로 가서 직원에게 용의자 두 명의 사진을 내밀었다. 직원은 양재범을 분명히 기억하고 있었다.

"이 사람 맞아. 이틀 전 오전 10시쯤 빌려 가서 하루 쓰고, 어제 오전 10시쯤 반납했어."

직원을 따라 주차장에 가 보니, 양재범에게 빌려 줬다는 검은색 말로타가 정말 있었다. 아이들은 뛸 듯이 기뻤다. 거의 다 잡은 거나 마찬가지라고 생각했다. 그런데 신 형사가 아이들이 놓치고 있는 점을 지적했다.

"렌터카를 빌린 사실만으로 증거가 될까요? 분명히 다른 이유로 빌렸다고 할 텐데요."

맞는 말이다. 거의 다 해결했다고 생각했는데, 아니었다. 좀 더 확실한 증거가 필요하다. 마리가 의견을 냈다.

"양재범과 이기동 두 사람이 수상한 건 분명하잖아요? 그러니까 두 사람을 찾아서 지켜보면 어떨까요? 장물을 파는 현장이나 새로운 범행 장소를 물색할 때 덮칠 수도 있고요."

그런데 바로 그때였다. 차 안을 유심히 살피던 하수가 엄청 반기며 말했다.

"어, 블랙박스네!"

그러자 렌터카 직원은 자랑스럽게 말했다.

"맞아. 우리 씽씽 렌터카의 모든 차에는 블랙박스가 장착되어 있지. 차량용 블랙박스는 교통사고 상황을 그대로 기록하기 때문에 꽤 유용하거든."

차원이가 생각난 듯 물었다.

"이거 차 내부도 찍히죠? 그럼 두 사람이 대화한 것도 찍혔겠네요."

"아니. 이건 차량 앞쪽만 찍는 거야."

"소리 녹음 기능은요?"

"그것도 없어. 단순히 차 사고가 났을 때 증거 영상으로 쓰기 위한 거라서 말이야."

"에이, 우리 차에 있는 블랙박스는 다 되는데."

차원이가 실망한 듯 말했다.

"그렇게 성능이 좋은 블랙박스는 렌터카에 달기에는 좀 과하지."

"그래도 녹화된 화면을 보면 금은방 주변에 갔었는지 아닌지는 확인할 수 있잖아요."

마리가 말했다.

"아주 좋은 생각이에요. 블랙박스에 녹화된 화면을 재생시켜 볼 수 있을까요?"

신 형사가 직원에게 부탁했다.

"그럼요. 이래 봬도 이 블랙박스가 화질은 꽤 좋은 편이에요."

직원이 블랙박스에서 메모리 카드를 꺼내며 말했다. 요즘엔 화면이 있어 바로 영상을 재생할 수 있는 블랙박스도 있지만 이것은 기록 장치인 메모리 카드에 저장만 되는 종류였다. 그때였다. 직원이 갑자기 놀란 표정으로 말했다.

"어, 이게 뭐야! 웬 테이프야!"

렌즈에 검은색 테이프가 붙어 있었다. 보자마자 태산이가 말했다.

"블랙박스에 찍힐 걸 알고 미리 테이프를 붙인 거예요."

하긴 뻔히 보이는 블랙박스 카메라를 범인들도 모르진 않았을 것이다.

"뭐야, 그럼 계속 시커먼 화면만 찍혔겠네."

차원이가 풀 죽은 표정으로 말했다. 실망하기는 다른 아이들도 마찬가지였다. 그때 하수가 조용히 물었다.

"혹시 GPS 기능은 없나요?"

"GPS? 어, 그건 있어."

"정말요? 그럼 됐어요. GPS 기능만 있어도 돼요."

하수의 얼굴이 갑자기 환해졌다.

"GPS라면 위치 추적 장치?"

마리가 물었다.

"응. GPS는 GPS 위성에서 보내는 신호를 수신해서 사용자의 현재 위치를 계산하는 위치 결정 시스템이야. 항공기, 선박, 자동차 등의 내비게이션 장치에 주로 쓰이는데 최근에는 스마트폰이나 태블릿 PC, 차량용 블랙박스 등에도 많이 활용되고 있거든. 특히 블랙박스에 GPS가 있으면 차량의 주행 경로와 속도가 저장되기 때문에 아주 유용하게 쓰이지."

### 나로 과학 위성은?

2013년 1월 30일 오후 4시, 우리나라 최초의 우주 발사체 나로 호가 성공적으로 하늘로 솟아올랐어. 9분 후, 나로 호에 탑재한 나로 과학 위성이 정상 분리됐다는 신호가 접수됐고 다음 날 새벽, 궤도에 안착했다는 기쁜 소식이 들렸지. 드디어 우리나라는 자국 땅에서 자국의 위성을 우주로 쏘아 올린 나라를 뜻하는 '스페이스 클럽'에 세계에서 11번째로 가입하게 됐어. 나로 과학 위성은 1년 동안 지구 위 300~1500㎞ 높이의 타원 궤도를 하루에 14바퀴씩 돌면서 우주 환경 관측, 지구 표면 적외선 촬영 등의 일을 하지.

차원이가 물었다.

"그럼 화면에는 아무것도 안 찍혔어도 차가 이동한 경로는 저장되어 있을까?"

"아마 GPS에 잡힌 데이터는 그대로 남아 있을 거야."

하수가 대답했다.

"그렇겠네. 한번 들어 볼게."

직원은 메모리 카드를 가지고 사무실로 갔다. 아이들과 신 형사도 따라갔다. 컴퓨터에 메모리 카드를 꽂고 블랙박스에 녹화된 영상을 재생시켰다. 예상대로 시커먼 화면만 나왔다. 그런데 아래쪽 창에 녹화 시간과

차량 속도 그리고 이동 경로가 지도 위에 그대로 표시되어 있었다!

"와, 됐다!"

아이들이 좋아서 동시에 소리를 질렀다.

시간은 낮 1시 54분. 연서동으로 접어든 자동차는 반짝 금은방 건물 뒤편의 집 앞에 섰다. 차원이와 태산이가 어제 가 본 곳이었다. 3분쯤 지나 자동차는 다시 출발했다.

아이들은 화면을 사건 발생 시간 즈음인 다음 날 새벽 2시 25분쯤으로 돌렸다. 자동차는 한 아파트 주차장에서 출발해 33분쯤 후, 낮에 다녀간 장소에 천천히 섰다. 그리고 정확히 3시 7분쯤 그곳을 떠났다.

그렇다면 사건이 일어났던 그 시간, 용의자들이 사건 현장에 있었다는 얘기다. 드디어 확실한 증거를 찾은 것이다. 남은 일은 양재범과 이기동을 잡는 것뿐이었다. 그때였다. 박우성 형사에게서 전화가 왔다.

"양재범, 잡았어요."

절묘한 타이밍이다. 아이들과 신 형사는 곧바로 방아 경찰서로 갔다.

"구속되기 전에 사귄 여자 친구를 추적했죠. 역시나 같이 있더군요."

박우성 형사가 기분 좋은 표정으로 말했다. 물론 양재범은 절도 혐의를 딱 잡아뗐다.

"도둑질에서 손 뗀 게 언젠데 그러십니까. 렌터카는 여자 친구랑 놀러 가느라 빌린 거예요. 죄 없는 사람 의심하지 마세요."

신 형사는 블랙박스에 기록된 위치 이동 데이터를 증거로 내밀었다.

"사건 당일 현장에 갔던 기록입니다. 이래도 거짓말할 겁니까?"

"이, 이게 어떻게!"

양재범은 블랙박스의 카메라 렌즈를 테이프로 가리는 치밀함까지 발휘했지만 블랙박스에 GPS가 장착되어 있어 차량의 운행 정보를 모두 기록하는 줄은 몰랐던 것이다.

**블랙박스(black box)는 검은색(black)이 아니다?**

국제적으로 항공기 블랙박스의 색은 오렌지색이나 노란색으로 제작해. 항공기가 산지나 바다에 추락했을 때 밝고 튀는 색의 블랙박스여야 찾기 쉽기 때문이지. 블랙박스라는 이름은 원래 공학 용어로, 사용법이나 역할은 잘 알려져 있지만 내부의 구조나 작동 원리가 숨겨진 장치를 말해. 실제로 항공기용 블랙박스는 소수의 국가 기관이나 전문 기업에서만 내용을 해독할 수 있도록 설계되어 있지.

양재범도 더 이상 둘러댈 말을 찾지 못했다. 결국 범행 일체와 이기동이 있는 곳까지 자백했다. 아이들은 신 형사와 함께 이기동이 숨어 있는 오피스텔을 급습했다.

"당신들 뭐야? 나한테 왜 이래?"

반항하는 이기동. 하지만 신 형사는 순식간에 이기동의 팔을 뒤로 꺾어 제압하며 말했다.

"양재범 씨가 다 자백했으니 조용히 가시죠."

이렇게 두 명의 범인을 모두 잡았다. 다행히 훔친 보석을 아직 팔지 않은 상태라 반짝 금은방에 고스란히 돌려줄 수 있었다. 드디어 아이들이 처음 맡은 사건을 멋지게 해결한 것이다.

"애들아, 고마워. 신 형사님, 감사합니다."

마리는 자기네 동네에서 일어난 사건을 해결하기 위해 함께 애써 준 친구들이 고마웠다.

"우리가 누구냐? CSI가 아니냐! 하하하."

차원이는 사건을 풀지 못해 끙끙 맸던 어젯밤 일은 까맣게 잊어버리고 신이 나 말했다.

"휴~ 정말 다행이야. 난 범인 못 잡는 줄 알고 얼마나 걱정했는데."

하수도 이제야 안심이 되는 모양이었다. 신 형사는 아이들을 칭찬해 주었다.

"모두 잘했습니다. 대단해요."

그러나 태산이는 무덤덤한 표정이었다.
'고맙다고 인사하면 좀 받아 주지.'
마리는 서운했다. 하지만 다음 순간, 태산이는 뒤로 돌아서서 쑥스러운 듯 웃었다. 아이들에게 도움이 된 게 내심 기뻤기 때문이다.

 ## 하수가 들려주는 사건 해결의 열쇠

유력한 용의자를 찾았는데도 확실한 증거가 없었던 상황. 그들이 범행 현장에 갔었다는 증거를 찾을 수 있었던 건 GPS에 대해 잘 알았기 때문이야.

### 💡 GPS란?

GPS는 Global Positioning System(글로벌 포지셔닝 시스템)의 약자로, '위치 결정 시스템'을 뜻해. 인공위성을 이용해 자동으로 위치를 측정하는 장치지.

GPS는 크게 GPS 위성, 관제 부분, GPS 수신기로 나눌 수 있어. GPS 위성은 지상 약 2만 200km 높이에서 12시간에 한 번씩 지구를 공전하고 있어. 이 위성은 정확한 시각과 위치 정보를 지상으로 보내.

〈지구 상공을 돌고 있는 GPS 위성들〉

2007년 4월 기준으로 총 30개의 GPS 위성이 운용 중이야. 이 중 24개의 위성은 6개의 궤도면에 4개씩 분포해 있기 때문에 전 세계 어디에서도 최소 6개의 GPS 위성을 관측할 수 있어. 나머지 위성은 24개의 위성에 문제가 생겼을 경우에 대비한 거야. GPS 위성은 태양 에너지로 작동되는데 수명은 8~10년 정도 돼.

　관제 부분은 미국의 콜로라도 스프링스에 있는 주 제어국과 세계 곳곳에 분포된 5개의 부 제어국으로 구성되어 있어. 주 제어국은 위성의 궤도 수정이나 예비 위성의 작동을 결정하는 등 GPS 위성에 대한 총지휘를 해. 부 제어국은 상공을 지나는 GPS 위성을 추적하고 거리와 변화율을 측정하지.

　GPS 수신기는 보통 4개 이상의 위성으로부터 전달된 정보들을 받아 위치를 계산해 알려 주지.

### 💡 GPS를 이용한 서비스

〈자동차 내비게이션〉

　원래 GPS는 1970년대 후반, 미국 국방부에서 폭격의 정확성을 높이기 위해 군사용으로 개발한 거야. 그러나 그 후, 비행기나 선박의 항법 장치로 활용되어 왔고, 자동차의 위치를 확인하고 원하는 곳으로 가는 길을 가르쳐 주는 내비게이션에 이용되면서 좀 더 대중적으로 쓰이게 됐지. 또 최근에는 GPS를 장착한 스마트 기기가 많이 보급되면서 GPS를 이용한 새로운 서비스들이 급격히 늘어나고 있어.

대표적인 게 바로 무선 인터넷과 GPS를 결합한 위치 기반 서비스(LBS)야. 사실 위치 기반 서비스는 이전부터 있었어. 하지만 지상에 있는 이동통신사 기지국을 이용하는 방식이라 오차 범위가 커서 사용에 제한이 많았지. 반면에 GPS를 이용하는 새로운 위치 기반 서비스는 오차가 크지 않아 다양한 부문에서 활용되고 있어.

　예를 들면 휴대전화를 분실했을 때나 친구의 위치를 알고 싶을 때 위치 추적 시스템을 이용할 수 있지. 또 현재 내가 있는 위치에서 가장 가까운 은행, 맛집 등을 검색할 수도 있어. 이제 GPS는 우리 생활에 꼭 필요한 장치가 되었지.

〈GPS의 이용〉

### 💡 블랙박스와 GPS

　블랙박스는 원래 항공기의 상태(고도, 항로, 속도, 엔진 상황 등) 및 교신 내용을 기록하기 위해 개발된 거야. 항공기 사고가 났을 때 블랙박스를 회수해서 분석해 보면 사고의 원인을 정확하게 알아낼 수 있어.

　블랙박스의 개발에 가장 큰 공헌을 한 사람은 호주의 항공 과학자인 데이

비드 워런이야. 현재 사용하는 블랙박스의 원형이라고 할 수 있는 '플라이트 데이터 레코더(FDR)'를 발명했지. 항공기의 고도 및 속도 등을 분석해 이를 금속 테이프에 기록하는 방식이었어. 그 후, 교신 내용 및 조종석 내부의 대화를 녹음할 수 있는 장치인 콕핏 보이스 레코더(CVR)가 더해지면서 오늘날 사용하는 블랙박스의 일반적인 형태가 만들어졌지.

최근에는 자동차에도 블랙박스를 많이 설치해. 차량용 블랙박스는 주로 카메라 형식의 제품이 많아. 차량 전방을 촬영하여 동영상으로 기록하는데, 이 영상은 교통사고가 발생했을 때 중요한 증거물로 사용할 수 있어.

뿐만 아니라 GPS 기능이 포함된 블랙박스도 있어. GPS를 이용해 차량 속도와 운행 경로 정보까지 기록하는 거지.

그러니까 생각해 봐. 범인들은 차량에 블랙박스가 설치된 것을 보고 카메라 렌즈를 가렸지만 GPS 기능이 있는 줄은 몰랐지. 그래서 GPS 기능을 이용해 범인들이 사건 발생 시간에 사건 현장에 갔었다는 명확한 증거를 찾아낼 수 있었던 거야.

핵심 과학 원리 　전기 저항

# 무인도 생존의 법칙

무인도라면 사람이 살지 않는 섬? 하수가 잔뜩 들떠서 말했다.
"아, 무인도에서 하룻밤을 보내다니 정말 낭만적이야."

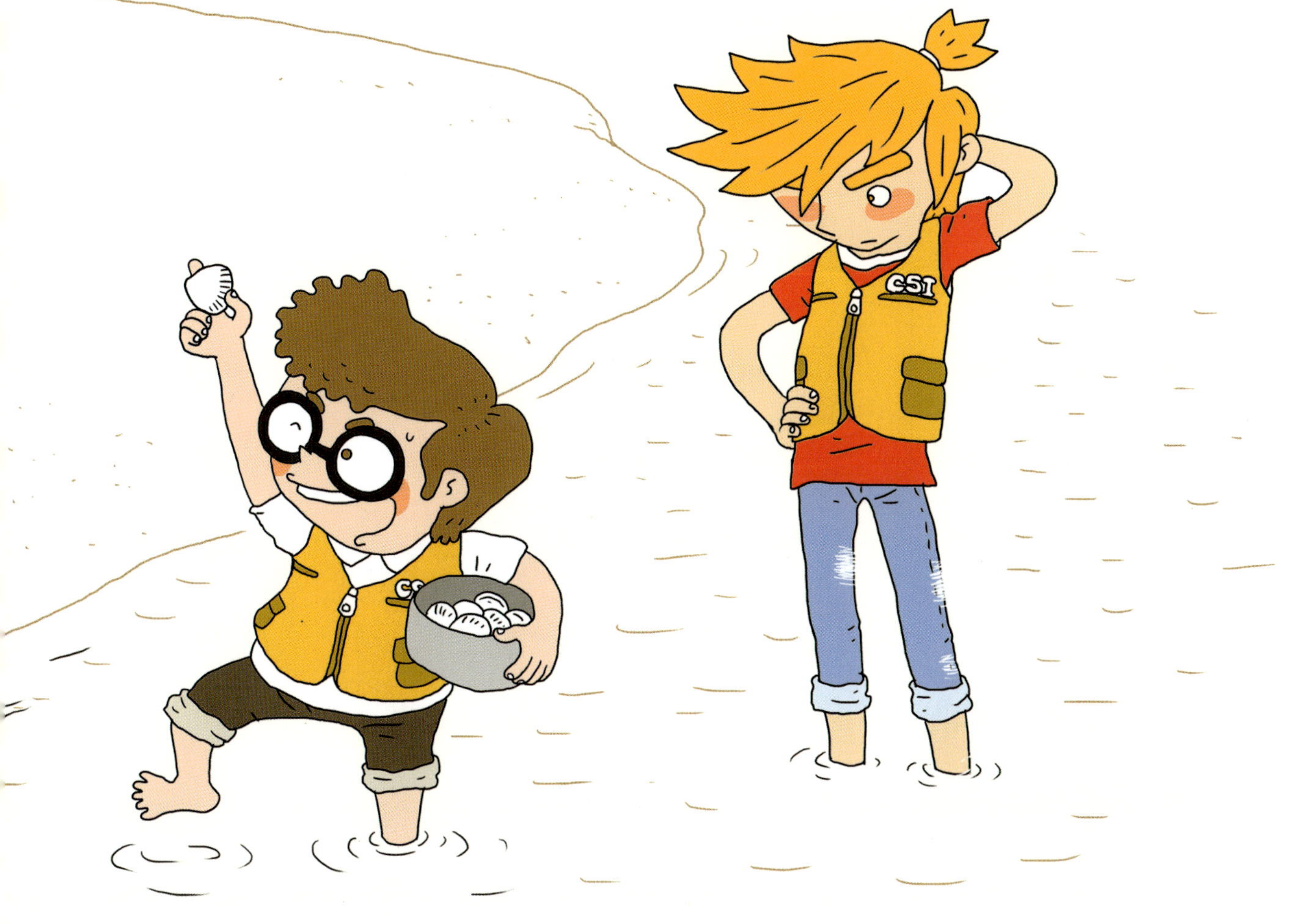

##  여행을 떠나자!

어느새 7월. 형사 학교에서의 한 학기가 다 지나갔다. 기말고사도 다 끝났고, 다음 주면 방학이라 한가한 시간. 아이들은 저마다 방학 동안 할 일을 계획했다.

하수는 엄마가 세워 놓은 계획대로 그동안 밀린 피아노 레슨을 받기로 했다. 엄마는 CSI가 되고 싶다는 하수의 의견을 존중해 주었지만 아직도 하수가 피아니스트가 되기를 바란다. 하수는 엄마의 마음을 알기에 그렇게 하겠다고 했다.

마리는 부족한 공부도 보충하고 책도 많이 읽을 예정이다. 그리고 엄

마의 뺑소니 사건을 맡았던 형사 아저씨를 다시 찾아가 볼 생각이다. 혹시 그때 놓쳤던 단서가 있지 않을까 해서다.

차원이는 일주일 정도 미국에 다녀온 후, 다음 학기 예습을 할 계획이다. 갑자기 형사 학교에 들어오면서 미리 예습을 못했기 때문에 학기 중에 무척 바빴다.

태산이는 아빠가 일본에 와서 방학을 보내라고 하시는데 솔직히 가고 싶지 않았다. 어떻게든 한국에 남고 싶어 방법을 찾는 중이다. 기숙사에서 혼자라도 지내고 싶은데 가능할지…….

한 학기를 마감하기 위해 공 교장과 어 교감 그리고 신 형사가 모였다. 어 교감이 말을 꺼냈다.

"공부도 잘 따라오고, 처음 맡은 사건도 무리 없이 잘 해결했고, 나름 성공적이라고 할 수 있죠. CSI가 부활했다는 사실만으로도 관심들이 많습니다. 하하하."

"그래. 그런데 아이들끼리는 아직 좀 어색한 것 같던데."

공 교장이 근심스러운 얼굴로 말했다. 어 교감도 동의했다.

"차원이랑 마리, 하수는 저희끼리 그럭저럭 잘 지내는데 태산이가 문제죠. 아직도 혼자 따로국밥처럼 구니. 특히 차원이랑 태산이는 달라도 너무 달라요."

차원이는 뭐든지 정확해야 하는 스타일이다. 일찍 자고 일찍 일어나고, 공부도 꼼꼼히 계획 세워 하고, 시간도 절대 어기지 않는다.

반면에 태산이는 뭐든지 대강 하는 스타일. 밤늦게 자고 아침에 늦게 일어나니 아침 운동 시간에 지각하기 일쑤였다. 물론 수업 시간에도 대강대강 하는 느낌은 마찬가지였다.

"낙제하면 어쩌나 싶었는데 그래도 시험은 그럭저럭 봤더라고요."

어 교감의 말에 공 교장이 고개를 끄덕였다. 어 교감이 이어 말했다.

"차원이는 욕심이 너무 많아 문제, 태산이는 의욕이 너무 없어 문제. 둘을 섞으면 정말 딱 좋을 텐데 말이죠."

공 교장은 다시 고개를 끄덕였다. 그러고는 아무 말도 없는 신 형사에게 물었다.

"신 형사는 어떻게 생각하나?"

"음……. 저는……."

역시 느리다. 성질 급한 어 교감이 재촉했다.

"저는 뭐? 역시 문제라고 생각한다고?"

신 형사는 천천히 고개를 저으며 대답했다.

"아니요. 아이들이 저마다 다른 건 당연하다고 생각합니다."

어 교감이 재차 물었다.

"그래서? 그냥 두자고?"

"그건 아니고……."

"어휴, 답답해. 그냥 내 생각을 먼저 얘기하자면, 전 뭔가 특별 처방을 내려야 된다고 생각합니다."

공 교장이 솔깃해 물었다.

"특별 처방?"

"네. 아주 특별한 처방. 으흐흐흐."

어 교감이 음흉하게 웃으며 말했다.

이틀 후, 어 교감이 아이들을 불렀다.

"한 학기 동안 공부하느라 수고 많았다. 그래서 재미있는 여행을 준비했다. 1박 2일 동안의 특별 여행이지."

"여행이요? 정말요? 와, 신 난다!"

차원이, 마리, 하수 셋 다 좋아서 난리가 났다. 태산이도 싫지는 않은 표정이었다. 그렇게 아이들은 갑작스럽게 여행을 떠나게 됐다.

다음 날 아침 8시 반. 각자 짐을 싸서 주차장에 나가 보니 공 교장과 어 교감 그리고 신 형사가 기다리고 있었다. 역시 가장 먼저 나온 아이는 차원이였다. 어 교감이 칭찬했다.

"역시 칼 같구먼. 시간관념이 철저해서 아주 좋아."

차원이는 기분이 좋아 어깨를 우쭐했다. 곧이어 마리와 하수도 나왔다. 그런데 태산이는 또 지각. 신 형사가 태산이의 방에 인터폰으로 연락했다.

"네……."

아직 잠이 덜 깬 목소리였다. 어 교감이었으면 버럭 화를 냈을 텐데 신 형사는 조용히 말했다.

"다 기다리고 있습니다. 빨리 내려오세요."

신 형사의 시계는 다른 사람보다 아니 최소한 어 교감의 시계보다는 천천히 가는 게 분명하다. 결국 30분이나 지나서야 태산이가 나타났다. 짐이라고는 달랑 기타 하나뿐이었다.

"빨리 가야 돼. 배 떠난단 말이야."

어 교감이 재촉했다.

"배요? 그럼 섬으로 가는 거예요?"

차원이가 반기며 묻자 어 교감이 의미심장한 표정으로 대답했다.

"그래. 아주 멋진 섬이지. 너희가 여태껏 한 번도 가 보지 못한……. 으흐흐흐."

아이들은 어 교감의 음흉한 웃음에 담긴 의미를 깨닫지 못했다. 멋진 섬이라는 말을 조금도 의심하지 않고 곧이곧대로 믿었다. 게다가 어 교감이 조끼와 모자를 하나씩 나눠 줬는데, 그걸 입고 쓰니 마치 영화에 나오는 탐험대라도 된 기분이었다.

차는 한 시간 반쯤 쉬지 않고 달려 서해안의 한 바닷가 선착장에 도착했다. 거기서 배를 타고 30분쯤 더 가니 섬이 나왔다. 공 교장이 말했다.

"섬 이름이 사랑도야. 예쁘지?"

섬은 작았지만 이름만큼이나 풍경이 예뻤다. 어 교감이 말했다.

"여기 무인도다."

무인도라면 사람이 살지 않는 섬? 하수가 잔뜩 들떠서 말했다.

"아, 무인도에서 하룻밤을 보내다니 정말 낭만적이야."

하수는 피아노를 쳐서 그런지 참 감성적이다. 물론 다른 아이들도 한 번도 경험하지 못한 일에 은근히 기대가 됐다. '교감 선생님이 특별히 재미있는 여행을 준비했다더니, 바로 이거였구나' 생각했다.

잠시 후 해변가에 닿자 아이들은 배에서 내려 야영하기에 적당한 곳을 찾았다.

"텐트부터 쳐야죠?"

차원이가 텐트를 꺼내며 말했다. 그런데 어 교감이 말렸다.

"아냐, 됐어. 텐트는 우리가 칠게."

"괜찮아요. 저 스카우트해서 텐트 잘 쳐요."

어 교감이 한사코 차원이의 손에서 텐트를 뺏었다.

"어유, 공부하느라 힘들었을 텐데 뭘 텐트까지 치려고 그래? 이건 우리가 할 테니까 너희는 저기 산 정상까지 올라갔다 와. 30분밖에 안 걸릴 거야."

"정말요? 와, 그럼 다녀오겠습니다!"

차원이와 마리, 하수는 신 났다. 선생님들이 직접 하시겠다는데 굳이 마다할 이유가 없었다. 하지만 태산이는 좀 의심스러웠다.

'뭔가 꿍꿍이가 있는 게 분명해.'

아이들은 산을 오르기 시작했다. 완만한 산이라 오르기도 쉬웠다. 햇볕이 쨍쨍 내리쬐어 덥기는 했지만 그래도 이따금 불어오는 바닷바람이 땀을 식혀 주었다.

산 정상에 오르자 바다가 한눈에 내려다보였다. 가슴이 탁 트이고 머릿속까지 상쾌해지는 기분이었다. 마리가 한껏 들뜬 목소리로 말했다.

"우리 사진 찍자. 내가 사진기 가져왔어."

"그래그래."

마리와 하수, 차원이는 신 나서 사진을 찍었다.

마리가 태산이도 불렀다.

"강태산, 너도 와서 같이 사진 찍자."

"난 됐어."

단칼에 거절하는 태산이. 싫다는데 어쩌랴. 다른 아이들은 이리저리 옮겨 다니며 사진을 찍었다. 뒤쪽으로 더 높은 산이 있어서 섬의 뒤쪽이 안 보이긴 했지만 눈이 닿는 곳마다 정말 절경이었다.

##  선생님들의 음모

산 정상에서 맘껏 즐기고 내려오니 정오가 다 되어 가는 시간이었다. 아이들은 배가 고팠다. 그런데 이상하게 썰렁한 느낌이 들었다. 텐트도 하나도 안 쳐져 있었다. 차원이는 황당했다.

"뭐야? 텐트 쳐 놓겠다고 하시고선."

둘러보니 더 이상했다. 마리가 말했다.

"세 분 다 어디 가셨지? 짐도 거의 다 없어졌어."

태산이는 그 이유를 알아차렸다.

"속았어."

순간 다른 아이들도 낌새가 심상치 않다고 느꼈다. 차원이가 얼른 신 형사에게 전화를 했지만 신호조차 안 터졌다.

"참, 무인도엔 기지국이 없지."

"설마 무인도에 우리만 두고 도망가신 건 아니겠지?"

마리가 걱정스럽게 말했다. 아이들은 어리둥절해져 서로의 얼굴만 멀뚱멀뚱 쳐다봤다. 그때였다.

"편지다!"

하수가 텐트 지퍼에 끼워 놓은 메모지를 발견했다. 펼쳐 보니 어 교감의 필체였다.

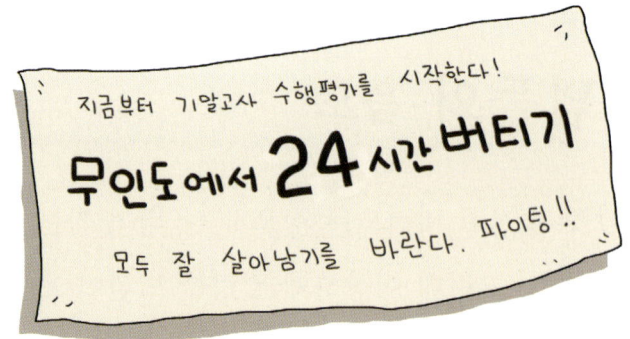

"헉, 뭐야? 수행평가?!"

모두 놀라 소리쳤다. 공부하느라 애썼다고 데려온 여행인 줄 알았더니 수행평가라고? 완전 속았다. 선배들이 항상 방심하면 안 된다고, 언제 당할지 모른다고 하더니 바로 이런 때를 두고 하는 말이었다.

차원이가 얼른 시계를 봤다.

"지금이 오전 11시 47분이니까 내일 오전 11시 46분까지 여기서 버티라는 거네. 헉!"

마리와 하수, 차원이는 짐을 뒤졌다. 하지만 있는 거라고는 텐트 두 개와 침낭 네 개 그리고 코펠 한 세트뿐이었다. 마리가 기운이 쑥 빠져 말했다.

"버너도 없어."

"휴…… 먹을 것도 없는데 버너가 무슨 소용이야."

차원이도 한숨을 쉬었다.

"어떡해. 나 벌써 배고파."

하수는 꼬르륵거리는 배를 감싸쥐었다. 오다가 차에서 간식을 먹긴 했지만 등산하고 난 후라 이미 소화가 다 됐다. 아이들은 모두 모래사장에 주저앉았다.

느긋한 아이는 태산이뿐. 처음엔 태산이도 당황했다. 아빠와 가끔 캠핑을 가곤 했지만 무인도는 처음이었다. 언제나 자유를 꿈꾸는 태산이지만 그래도 어른도 없이 지내는 동안 혹시 위험한 상황이 생기지 않을까 긴장이 됐다. 하지만 다음 순간, 조끼와 모자가 눈에 들어왔다.

'혹시? 그래, 입으라고 준 이유가 있을 거야!'

태산이는 조끼와 모자를 더듬어 보았다. 그런데 예상대로 있다. 태산이는 씩 웃었다. 조끼 안쪽에는 위치 추적기, 모자의 접힌 부분에는 소형 마이크가 장착되어 있었다. 둘러보니, 나무 위쪽에 카메라까지 숨겨져 있었다. 선생님들이 어딘가에서 아이들을 지켜보고 있다는 뜻. 태산이는 여유로운 표정으로 넓적한 돌에 앉아 기타를 퉁기기 시작했다.

같은 시간, 공 교장과 어 교감, 신 형사는 배를 타고 섬을 돌아 섬의 반대쪽에 도착해 있었다. 그곳에는 해경 특수 훈련에 사용되는 천막이 있었다. 어 교감이 해양경찰청에 도움을 요청해 특별히 빌려 둔 천막이었다.

산으로 막혀 있어서 아이들이 있는 곳에서는 그쪽이 보이지 않았다. 배를 타고 돌아가면 10분이면 닿지만, 산을 넘어서 가려면 한나절은 꼬박 걸릴 거리였다. 거기서 공 교장 일행은 천막 안에 설치해 놓은 모니터와 스피커를 통해 아이들의 일거수일투족을 살피고 있었다.

태산이한테 벌써 들킨 줄도 모르고 어 교감은 신이 났다.

"푸하하하! 당황하는 모습들 하고는. 진짜 재밌네. 하하하!"

아이들 놀리는 게 어 교감의 가장 큰 즐거움이라고는 하지만 좋아해도 정말 심하게 좋아한다.

"그렇게 좋아?"

공 교장이 물었다.

"제가요, CSI 1기, 2기의 캠프며 훈련이며 다 기획했는데 그중에 이번이 정말 대박이에요. 하하하!"

공 교장은 조금 걱정이 됐다.

"혹시 이 섬에 맹수 같은 건 없지?"

어 교감이 말도 안 된다는 듯 말했다.

"별 걱정을 다 하시네요. 해양경찰이 훈련장으로 쓰는 곳이에요. 사전에 다 확인했고, CCTV도 있고, 문제 생기면 5분 안에 헬기 뜬다니까요."

"그럼 괜찮겠지."

공 교장이 고개를 끄덕이더니, 이내 생각난 듯 말했다.

"아 참, 우리 점심 먹어야지."

어 교감이 신 나서 대답했다.

"당연하죠. 헤헤. 이런 데 오면 뭐니 뭐니 해도 라면이 최고죠. 라면, 어떠세요?"

"좋지!"

어 교감은 주위를 둘러봤다. 신 형사를 찾는 것이었다.

"어! 신 형사가 어디 갔지? 조금 전까지도 있었는데."

"그러게. 배고프다. 어 교감, 얼른 라면 좀 끓여 봐."

"제가요?"

"그럼 내가 끓일까?"

공 교장이 벌떡 일어나며 말하자 어 교감이 마지못해 나섰다.

"아니, 아니요. 제가 할게요."

할 수 없이 라면 끓일 준비를 하며 어 교감은 투덜거렸다.

"신 형사는 대체 어디 간 거야? 밥하기 싫어서 도망간 거 아냐?"

##  먹을 것을 찾아라

시간이 지나자 아이들은 조금씩 충격에서 벗어났다. 무엇보다 배가 고파 더 이상 손 놓고 있을 수만은 없었다. 먼저 하수가 주머니를 뒤지더니 빵 하나와 껌 한 통, 그리고 사탕 세 개를 꺼냈다.

"일단 이거라도 나눠 먹자."

마리가 말했다.

"괜찮아. 너 먹어."

"무슨 소리야. 콩 한 쪽이라도 나눠 먹어야지. 같은 팀인데."

그러면서 빵을 네 조각으로 나눠 주었다. 마리와 차원이는 고맙다며 받았는데, 태산이는 무뚝뚝하게 말했다.

"됐어."

하수가 무안해하자 보다 못한 마리가 나섰다.

"그냥 좀 먹어라!"

그러더니 순식간에 태산이의 손을 펴서 그 위에 빵을 올려놓았다. 당황한 듯 얼떨떨한 표정의 태산이는 마지못해 빵을 먹었다. 그런데 그것만 가지고는 정말 간에 기별도 안 갔다. 아니, 오히려 더 배가 고팠다.

"안 되겠다. 먹을 것 좀 구해 보자."

마리가 벌떡 일어나며 말했다.

"무인도에 먹을 게 어디 있어?"

차원이의 물음에 마리가 답했다.

"아까 산에서 내려오다 보니까 산딸기가 있더라고. 그거라도 따 올게. 이대론 안 되겠어."

그러자 하수도 따라나섰다.

"나랑 같이 가."

마리와 하수는 코펠을 하나씩 들고 산딸기를 따러 갔다.

둘만 남은 차원이랑 태산이 사이에 어색한 분위기가 흘렀다. 태산이는 다시 기타를 쳤다. 차원이는 듣기 싫었다. 처음 맡은 사건을 해결한 후, 차원이는 태산이가 더 불편해졌다. 태산이한테 화를 낸 것도 창피했고 모르는 척, 관심 없는 척하더니 가장 중요한 단서를 알아낸 태산이에게 자존심이 상했기 때문이기도 했다.

'으으, 여기까지 와서 저 녀석의 기타 소리를 들어야 돼?'

솔직히 태산이가 기타를 잘 치기는 하지만 베짱이처럼 만날 기타만 쳐 대는 건 짜증스러웠다. 차원이는 벌떡 일어나 혼자 바닷가 쪽으로 내려가 버렸다.

마리와 하수는 산에 오르며 산딸기를 찾았다. 마리가 말했다.

"산딸기는 햇볕이 잘 드는 양지에서 자라. 흰색 꽃이 가지 끝에 붙어서 피고, 열매는 6~7월쯤에 익는데 검붉은 색이야. 어, 찾았다!"

드디어 마리가 산딸기를 찾았다.

"와, 진짜 산딸기다!"

하수도 좋아했다. 마리가 냉큼 하나 따서 하수에게 주었다.

"먹어 봐."

"음~ 새콤해. 맛있다!"

마리도 하나 따서 먹어 보니 새콤달콤했다.

"음~ 정말 맛있다!"

"우리 많이 따 가자."

"그래."

마리와 하수는 산 여기저기를 다니며 산딸기를 땄다. 꽤 재미도 있었다. 금방 코펠 두 개가 가득 찼다. 신 나서 내려오는데, 하수가 버섯을 발견했다.

"느타리버섯이다! 우리 저거도 따자."

그러면서 버섯을 톡 땄다. 그런데 마리가 보더니 다급하게 하수를 말렸다.

"안 돼! 이건 느타리버섯이 아니라 삿갓외대버섯이야. 먹으면 설사, 구토, 복통을 일으키는 독버섯이라고. 어린아이가 먹었다간 죽을 수도 있어."

"엄마야!"

하수가 놀라 버섯을 집어던지며 소리쳤다.

"보통 독버섯은 예쁘고 화려하게 생겼다던데 이건 아니잖아. 느타리버섯이랑 똑같이 생겼는데……."

"독버섯이 예쁘다는 건 잘못된 상식이야. 예쁘지 않은 독버섯도 많아. 그리고 먹어도 되는 버섯이랑 비슷하게 생겼다고 아무 버섯이나 따서 먹으면 절대 안 돼."

마리가 말했다.

"알았어. 조심해야겠다."

하수가 놀란 가슴을 쓸어내리며 대답했다.

한편 바닷가 갯벌로 간 차원이는 어렸을 때 아빠랑 조개를 잡던 생각이 났다.

'그래, 조개를 잡아서 구워 먹으면 되겠다!'

차원이는 신발을 벗고 조심스레 갯벌로 들어갔다. 진흙을 살살 파 봤더니…….

"있다! 정말 조개가 있어. 좋았어! 그릇 가지고 와서 담아야지."

차원이는 다시 짐을 모아 둔 곳으로 갔다. 그때까지도 태산이는 앉아서 기타만 뚱땅거리고 있었다. 차원이는 코펠을 꺼내 가다가 뒤돌아서서 말했다.

"강태산, 너도 조개 좀 잡지."

기타를 멈추고 태산이가 고개를 들었다.

"조개?"

"그래. 내일 점심때까지 쫄쫄 굶을 거야?"

아무리 여유 만만한 태산이라도 그럴 순 없었다. 태산이는 할 수 없이 자리에서 일어났다. 그리고 코펠을 하나 들고 마지못해 차원이를 따라나섰다.

섬 반대쪽에서는 공 교장과 어 교감이 막 끓인 라면을 먹기 시작했다. 어 교감이 자화자찬을 늘어놓았다.

"제가 또 라면 하나는 일품으로 끓인다는 거 아닙니까. 이것 보세요. 면발이 탱탱하니!"

"오! 라면이네요. 저도 먹어도 되겠습니까?"

### 갯벌이 꼭 필요한 이유는?

갯벌은 바다와 육지가 만나는 곳으로, 어류, 갑각류, 연체동물, 바닷새 등 수많은 생물들이 살고 있는 곳이야. 또 갯벌의 조개나 갯지렁이, 미생물, 습지 식물들은 땅에서 배출하는 각종 오염 물질을 깨끗하게 해 줘. 뿐만 아니라 홍수가 났을 때는 물을 저장하고 태풍이나 해일이 발생했을 때는 일차적으로 에너지를 흡수해서 육지의 피해를 줄여 주지. 그러니까 갯벌은 꼭 필요해.

신 형사였다. 공 교장이 자리를 내주며 말했다.

"그럼. 얼른 와. 어 교감이 끓였는데, 맛이 괜찮아."

"잘 먹겠습니다, 선배님."

그러더니 냉큼 앉아 라면을 후루룩 먹는 게 아닌가. 평소에는 말이든 행동이든 세상에 느림보 거북이가 따로 없더니, 이럴 땐 어찌나 빠른지. 어 교감은 약이 올랐지만 그렇다고 먹지 말라고 할 수도 없었다.

"먹어, 먹어. 붙기 전에."

공 교장과 어 교감, 신 형사는 라면을 맛있게 먹었다. 역시 밖에 나와 먹는 라면이 제맛이었다. 그런데 라면을 다 먹고 났을 때였다.

'라면은 내가 끓였으니, 설거지는 신 형사가 하겠지.'

어 교감이 막 그런 생각을 하고 있는데, 신 형사가 벌떡 일어났다.

"잘 먹었습니다, 선배님."

그러더니 부랴부랴 나가 버리는 게 아닌가.

"어? 시, 신 형사!"

하지만 이미 떠난 버스. 여태껏 그렇게 빨리 움직이는 신 형사는 본 적이 없었다. 어 교감은 기가 막혔다. 행동이 좀 독특해도 도리는 아는 사람인 줄 알았다. 그런데 어쩜 선배가 끓인 라면을 먹고 설거지도 안 하고 그냥 줄행랑을 친단 말인가.

어 교감이 저도 모르게 불만을 터뜨렸다.

"허, 참! 먹었으면 설거지는 해야지."

그러자 공 교장이 벌떡 일어나 먹은 그릇을 챙기며 말했다.

"알았네. 설거지는 내가 하지, 뭐."

하지만 어떻게 그러겠는가. 어 교감은 할 수 없이 나섰다.

"아닙니다. 제가, 제가 할게요."

"그래? 아유, 이거 미안한데."

그러면서도 공 교장은 슬그머니 자리에 앉았다. 결국 설거지까지 어 교감 차지가 되었다. 아이들 골탕 먹이는 재미에 신 났었는데, 왠지 어 교감 자신이 당하는 기분이었다. 어 교감은 신 형사가 괘씸해 구시렁거렸다.

"도대체 신 형사는 자꾸 어디를 가는 거야? 무인도까지 와서 또 도 닦으러 간 거야?"

##  위기의 아이들

갯벌에 나간 태산이와 차원이는 처음엔 서로 멀찌감치 떨어져서 조개를 찾았다. 먼저 조개를 찾은 아이는 차원이였다.

"와, 조개다! 하하하."

그런데 두 번째로 찾은 아이도 차원이.

"또 있다!"

세 번째도 역시 차원이. 차원이만 자꾸 조개를 찾자, 시큰둥하던 태산이도 은근히 신경 쓰였다. 빨리 하나 찾아야겠다고 생각했다. 태산이의 행동이 갑자기 빨라졌다. 그런데 이번에도 차원이가 먼저 소리쳤다.

"와, 이건 되게 크다!"

'뭐야, 내가 찾는 데는 왜 안 나와? 여긴 없나?'

태산이는 점점 차원이가 있는 쪽으로 다가가면서 조개를 찾았다. 하지만 그 이후에도 계속 차원이만 조개를 찾고, 태산이는 하나도 못 찾았다.

'이상하네. 다 어디 간 거야?'

바로 그때였다. 눈에 번쩍 띄는 게 있었으니, 바로 조개.

"있다!"

태산이는 저도 모르게 소리를 질렀다. 그런데 언제 왔는지 차원이가 짓궂게 말했다.

"에이, 너무 작다."

그러더니 자기 그릇에서 큰 조개를 하나 꺼내 보이며 말했다.

"이 정도는 돼야 먹을 게 있지."

태산이는 약이 올랐다. 반대로 차원이는 기분이 좋았다. 그동안 자신만 약 올라하고 태산이는 늘 천하태평이었는데 상황이 바뀐 것이다. 태산이는 오기가 생겼는지 아까보다 더 열심히 조개를 찾았다. 하지만 그 뒤로도 큰 조개는 모두 차원이의 차지였다. 게다가 차원이가 따라다니며 계속 깐죽댔다.

"그건 버려. 먹을 거 하나도 없어. 뭐야, 빈 껍질이잖아. 아하하하."

"에이, 나 안 해!"

화가 난 태산이가 그릇을 내팽개치며 말했다. 그와 동시에 중심을 잃고 말았다.

"어, 어, 어!"

태산이는 그대로 진흙 바닥에 엉덩방아를 찧었다. 차원이는 웃음이 터져 버렸다.

"푸하하하! 푸하하하!"

태산이는 창피했다. 하지만 일어나려고 하면 할수록 몸은 점점 더 갯벌로 빠져들었다. 차원이가 와서 손을 내밀었다.

"잡아."

"됐어."

태산이는 자존심이 상해 차원이의 손을 뿌리쳤다. 그러고는 혼자 일어나려고 하는데 역시 안 됐다. 차원이가 다시 손을 내밀었다.

"잡으라니까."

태산이는 할 수 없이 손을 내밀어 잡는 척하다가 순식간에 차원이를 잡아당겼다.

"어, 어, 어!"

차원이도 갯벌에 주저앉았다. 화가 난 차원이가 씩씩거리며 태산이에게 달려들었다.

"야, 강태산 너!"

위태위태하더니, 드디어 터졌다. 둘은 뒤엉켜 뒹굴었다. 키로 보나 힘으로 보나 차원이가 불리했지만 그동안 쌓인 게 많아서인지 차원이도 태산이를 끝까지 잡고 늘어졌다. 둘 다 금세 진흙투성이가 돼 버렸다. 그때 고함 소리가 들렸다.

"너희, 뭐 하는 거야? 당장 그만둬!"

마리와 하수였다. 하수가 눈이 동그래져 물었다.

"둘이 싸우는 거야?"

태산이랑 차원이는 멋쩍은 표정으로 싸움을 멈췄다. 마리가 물었다.

"왜 싸웠어?"

그러나 태산이는 아무 말 없이 갯벌 밖으로 자리를 피해 버렸고, 차원이만 머리를 긁적이며 말했다.

"싸우긴. 진흙 마사지 좀 했다."

앞서 가던 태산이의 입가에 슬며시 웃음이 번졌다.

"조금만 올라가면 골짜기에 작은 계곡이 있어. 거기 가서 좀 씻어."

마리와 하수는 오다가 본 계곡의 위치를 알려 주었다.

잠시 후, 물에 빠진 생쥐 꼴로 나타난 태산이와 차원이. 그 모습에 마리와 하수는 같이 웃음을 터뜨렸다.

"하하하!"

"하하하! 둘 다 귀엽다!"

"맞다, 내 조개!"

차원이가 깜빡했던 조개를 찾았다. 하수가 그릇을 보여 주며 말했다.

"걱정 마. 여기 있으니까. 벌써 씻어서 해감까지 시켜 놨지."

조개는 진흙을 머금고 있기 때문에 바닷물이나 소금물에 담가 둬야 한다. 그러면 조개가 입을 벌려 그 안에 들어 있던 진흙이 빠져나온다. 하수가 입맛을 다시며 말했다.

"우리 빨리 조개 구워 먹자."

차원이가 벌떡 일어나며 말했다.

"그럼 일단 불부터 피워야지. 나뭇가지 좀 모아 봐."

차원이와 마리, 하수가 여기저기 다니며 나뭇가지며 솔잎을 주워 왔다. 차원이는 그걸 가운데에 모아 놓고, 주위를 돌로 빙 둘러놓았다. 그리고 어디서 구했는지 넓적한 나무판자에 기다란 나뭇가지를 대고 비벼 대기 시작했다. 마찰을 이용해 불을 붙이려는 모양인데, 한참을 비벼도 불이 붙을 기미가 안 보였다. 하수가 물었다.

"그렇게 해서 정말 불이 붙을까?"

"그럼. 스카우트에서 캠프 갔을 때 해 봤어."

무인도 생존의 법칙

"마른 나뭇가지여야 잘 되는데……."

마리가 말했다.

"그래?"

차원이는 얼른 나뭇가지를 바꿔 또다시 비벼 댔다. 하지만 소용없긴 마찬가지였다. 하수가 걱정스런 표정으로 말했다.

"아무래도 안 될 거 같아. 다른 방법이 없을까?"

그때였다. 태산이가 벌떡 일어나더니 마리에게 손을 내밀며 말했다.

"한마리, 건전지 좀 줘 봐."

태산이의 갑작스런 행동에 마리가 어리둥절해하며 대답했다.

"건전지? 나 건전지 없는데?"

"사진기에 있잖아."

마리는 그제야 생각이 나 사진기에서 건전지 두 개를 꺼내 주었다.

"건전지는 뭐 하게?"

태산이는 대답도 안 하고 이번에는 하수에게 손을 내밀었다.

"은하수, 너 아까 껌 있었지?"

안 보는 척, 관심 없는 척하더니 그새 다 본 것이다. 하수가 얼른 주머니에서 껌을 꺼내 주며 말했다.

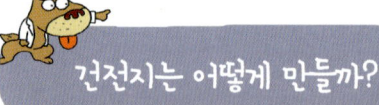

### 건전지는 어떻게 만들까?

건전지의 겉은 아연으로 된 원통((-)극)이고, 중앙에는 탄소 막대((+)극)가 세워져 있어. 막대 주위는 이산화망간과 흑연을 섞어 반죽한 물질로 채워져 있지. 또 그 바깥쪽은 전류를 흐르게 하는 물질인 염화암모늄을 충분히 흡수시킨 종이로 싸여 있어. 건전지의 두 극을 도선으로 연결하면 화학 반응을 일으켜 전자들이 아연((-)극)에서 탄소 막대((+)극) 쪽으로 옮겨 가면서 전류가 흐르게 되는 거야.

"여기. 그런데 뭐 하려고?"

역시 대답이 없다. 태산이는 껌을 받더니 껌 종이만 벗기고 껌은 다시 하수에게 주었다. 아이들은 태산이가 건전지와 껌 종이로 뭘 하려는 건지 궁금했다.

태산이는 먼저 은박지가 붙어 있는 껌 종이의 3분의 1을 잘라 냈다. 그리고 남은 껌 종이는 길이가 긴 쪽의 가운데 부분을 끝에만 조금 남겨 두고 칼집을 넣듯이 잘랐다. 반대쪽에서도 방금 자른 곳과 만나지 않게 살짝 비껴 똑같이 잘랐다. 그러고는 물었다.

"장갑 있어?"

마리가 얼른 코펠 가방 안에 들어 있던 장갑을 꺼내 주었다. 태산이는 장갑을 끼더니 하수에게 말했다.

"은하수, 종이 준비하고 있어."

그림 그리는 걸 좋아하는 하수는 언제나 연습장을 갖고 다녔다. 그것 역시 태산이는 알고 있었던 것. 종이를 준비하라는 걸 보니 불을 피우려는 모양이었다. 하수는 얼른 연습장을 한 장 찢었다.

태산이는 3분의 1만큼 잘라 낸 은박지 위에 건전지 하나는 (+)극을, 또 다른 건전지는 (−)극을 밑으로 해서 나란히 세웠다. 그리고 가운데를 얇게 만든 은박지의 양쪽을 건전지 위쪽의 (−)극과 (+)극에 갖다 댔다. 그랬더니 세상에!

"불이다!"

은박지에서 빨간 불이 파르르 이는 게 아닌가! 아이들은 깜짝 놀라 소리쳤다. 태산이가 불이 붙은 은박지를 내밀며 말했다.

"종이!"

하수가 얼른 종이를 갖다 대자 종이에도 불이 붙었다. 그리고 하수는 불붙은 종이를 조심스럽게 옮겨 모아 놓은 나뭇가지 위에 놓았다. 조금 뒤 나뭇가지에도 불이 옮겨붙었다.

"됐다! 됐다!"

아이들은 저도 모르게 손뼉을 쳤다. 마리가 태산이에게 물었다.

"신기하다. 어떻게 한 거야?"

태산이가 간단하게 설명했다.

"껌 종이의 반짝이는 부분은 알루미늄이고 반대편은 종이야. 알루미늄은 전기가 잘 통하기 때문에 이걸 도선처럼 쓴 거야. 건전지의 양극에 연결해 전기가 흐르게 한 거지."

"그런데 왜 불이 붙은 거야?"

하수의 질문에 태산이가 계속 설명했다.

"전기는 전자가 도선 속을 흘러가서 생긴 것을 말하는데, 이렇게 전기가 흐르는 것을 전류라고 해. 또 도선에 전류가 흐를 때 전자의 흐름을 방해하는 게 있는데, 이를 전기 저항이라고 하지. 전기 저항의 크기는 도선의 종류에 따라 다르고 굵기와 길이에 따라서도 달라져. 즉 도선이 가늘고 길수록 전기 저항은 커지지."

마리가 알겠다는 듯 말했다.

"그럼 은박지의 가운데 부분을 가늘게 만든 건 전기 저항을 크게 하기 위해서 그런 거야?"

"맞아! 저항이 커지면 마찰이 커지니까 열이 많이 발생하거든."

"그래서 은박지 뒷면의 종이에 불이 붙은 거구나!"

차원이가 놀랍다는 듯 말했다.

모니터를 통해 아이들의 행동을 관찰하던 공 교장과 어 교감도 감탄했다.

"와우! 강태산, 대단한데!"

어 교감의 말에 공 교장도 흐뭇한 미소를 지었다.

나뭇가지가 활활 타오르자, 아이들은 프라이팬 위에 조개를 올려놓고 굽기 시작했다. 잠시 후 조개껍질이 입을 벌리고 지글지글 끓었다. 군침이 절로 돌았다. 아이들을 보고 있는 공 교장과 어 교감도 침을 꼴깍 삼켰다.

"어 교감, 우리도 조개 구이 좀 해 먹을까?"

"그럴까요? 가만, 신 형사가?"

그런데 신 형사는 어딜 갔는지 코빼기도 안 보였다. 어 교감은 억울해하며 물었다.

"도대체 신 형사는 어디 간 거예요? 무인도에서 할 게 뭐 있다고?"

슬며시 웃는 공 교장. 뭔가 아는 게 분명했지만 딱 잡아뗐다.

"그러게. 나도 몰라."

아이들은 구운 조개와 산딸기로 배를 채웠다. 따뜻한 모닥불 덕분에 태산이와 차원이의 젖은 옷도 금세 말랐다. 배가 부르니 기분이 좋았다. 아니, 모두 함께 힘을 모아 뭔가를 해냈기 때문에 기분이 좋은 것일지도 모른다.

어느덧 해가 뉘엿뉘엿 지고 있었다. 아이들은 텐트를 치고 모닥불 주위에 둘러앉았다. 저녁 바람이 제법 선선하게 느껴졌다. 마리와 하수, 차원이는 수다를 떨기 시작했다. 수업 시간에 있었던 일, 시험 볼 때 난감했던 경험 등 이야깃거리가 끊이지 않았다. 태산이는 대화에 끼지 않았지만 조용히 듣고 있었다.

아이들의 수다가 잦아들 무렵 태산이가 기타를 꺼내 들었다. 아이들은 기타 소리에 빠져들었다. 차원이도 이번엔 듣기 싫지 않았다. 그렇게 기타 소리와 함께 무인도의 밤은 점점 깊어 갔다. 어느새 밤하늘은 별천지가 되었다.

바로 그 시간, 아이들이 한눈에 내려다보이는 언덕 위에서 함께 기타 소리를 들으며 함께 별을 보고 있는 사람이 있었으니, 바로 신기한 형사. 혹시 아이들에게 무슨 일이라도 생길까 걱정되어 낮부터 지키고 있었던 것이다.

 ## 태산이가 들려주는 사건 해결의 열쇠

무인도에서 살아남기 위해서는 무엇보다 불이 필요하지. 건전지와 껌 종이를 이용해 간단하게 불을 피울 수 있었던 건 전기 저항에 대해 잘 알았기 때문이야.

### 💡 전기란?

전류란 전자가 도선 속을 흘러가는 것을 말해. 전선 표면의 고무를 벗겨 보면 구리 같은 금속선이 들어 있어. 금속의 원자에는 원자핵과 전자가 들어 있지. (+)전하를 띤 원자핵은 무거워서 잘 움직이지 못하는 반면 (−)전하를 띤 전자는 가벼워서 쉽게 움직일 수 있어. 바로 이 전자가 움직이면 전기가 흐르는데, 이렇게 전기가 흐르는 것을 전류라고 해. 전류의 방향은 전자가 이동하는 방향과 반대 방향이야.

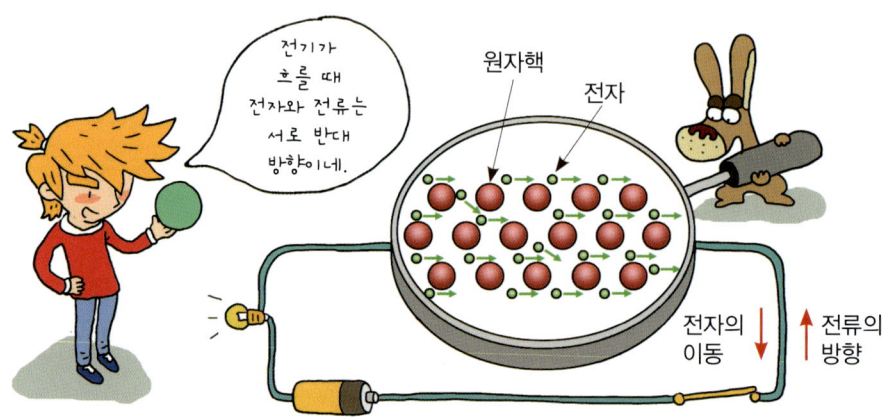

〈전자의 이동과 전류의 방향〉

 전기 저항이란?

　도선에 전류가 흐를 때 전자의 이동을 방해하는 것이 있는데, 이를 '전기 저항' 또는 줄여서 '저항'이라고 해. 저항은 전류의 세기를 결정하는 중요한 요인으로, 저항이 클수록 전류의 세기는 약해지지.

　저항 값은 물질의 종류에 따라 달라. 은과 구리는 전기 저항이 가장 작은 금속이기 때문에 도선을 만드는 재료로 사용해. 니켈, 크롬 등을 합금한 니크롬선은 전기 저항이 커서 발열기나 퓨즈에 많이 사용되지.

　또 도선의 길이와 굵기도 저항의 크기에 영향을 미쳐. 굵기가 같은 경우, 도선의 길이가 길수록 저항의 크기는 커지지. 길이가 같은 경우에는 도선이 가늘수록 저항이 커져. 즉 가늘고 긴 도선은 굵고 짧은 도선보다 저항이 커.

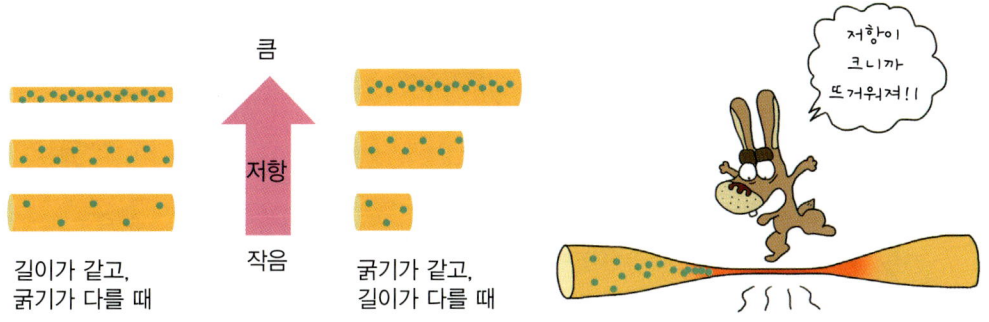

〈도선의 길이와 굵기에 따른 저항〉

###  전기 저항을 이용한 전기 제품

  저항이 크다는 것은 내부에서 전자가 이동할 때 충돌을 많이 한다는 뜻이야. 그러면 마찰에 의해 열이 발생하게 되지. 그런 성질을 이용하면 전기 에너지를 열에너지로 바꾸는 전기 제품을 만들 수 있어.

  헤어드라이어나 전기다리미, 전기난로 등은 전기 저항이 큰 니크롬선을 많이 사용해. 전기난로를 켜면 니크롬선이 빨갛게 달아오르며 주변으로 붉은빛과 열을 내는 걸 볼 수 있어. 또 전구에서 빛을 내는 역할을 하는 필라멘트의 재료로는 텅스텐과 니켈을 사용해. 전기 저항 값이 커서 전기가 흐르면 뜨겁게 달아올라 빛을 내고, 높은 온도에서도 잘 녹지 않기 때문이지.

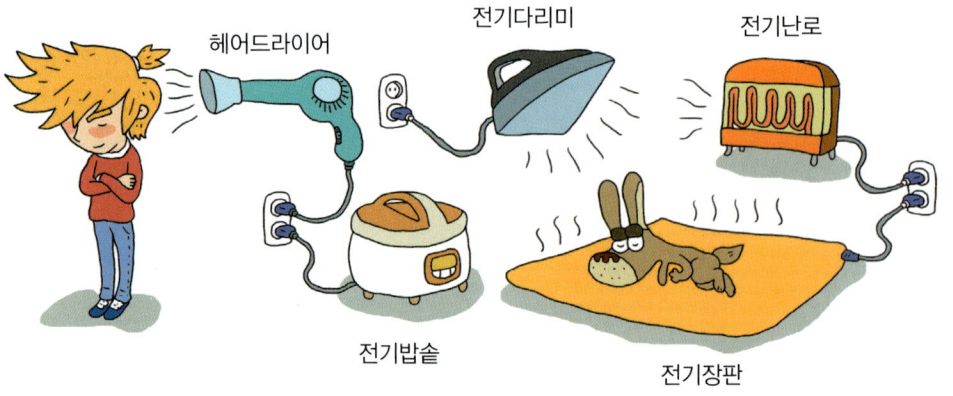

〈전기 저항을 이용한 전기 제품〉

### 💡 껌 종이로 불 피우기

껌을 싸고 있는 은박지는 얇은 종이 위에 더 얇은 알루미늄을 입힌 거야. 알루미늄은 전기가 잘 통하는 금속이지. 건전지의 양극을 알루미늄과 연결하면 알루미늄이 도선의 역할을 해서 전기 회로가 완성되고 전기가 흘러. 그런데 건전지 위쪽에 연결한 은박지의 가운데 부분, 즉 도선의 굵기를 아주 가늘게 만든 이유는 뭘까? 바로 전기 저항을 크게 하기 위한 거야. 전기 저항은 도선의 굵기가 가늘수록 커진다고 했지? 저항이 커지니까 열이 발생해서 알루미늄 뒷면의 종이에 불이 붙은 거야.

그러니까 생각해 봐. 나무 막대를 마찰시켜 불을 피우려 했지만 좀처럼 불이 붙지 않았어. 그래서 건전지와 껌 종이로 전기 저항에 의해 열이 발생하게 만들었고, 간단하게 불을 피울 수 있었지.

# CSI, 함께 놀며 훈련하다!

## ① 뼈가 있어야 설 수 있어

만약 다리에 뼈가 없다면 어떻게 될까? 말 인형을 만들어 보면 알 수 있을 거야.

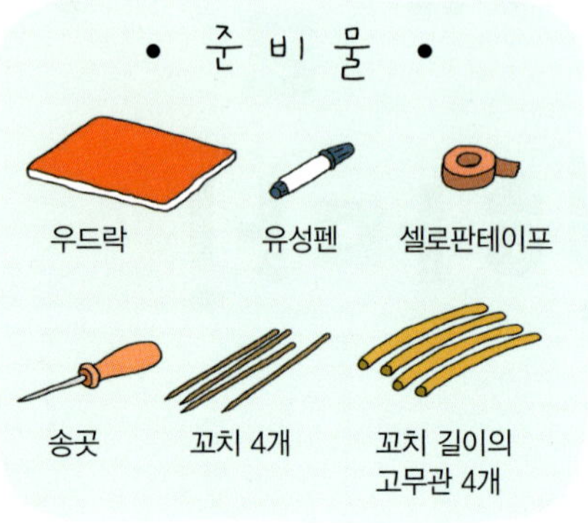

• 준비물 •

우드락  유성펜  셀로판테이프
송곳  꼬치 4개  꼬치 길이의 고무관 4개

❶ 우드락으로 말의 머리와 몸을 만들어 수직이 되게 붙인다.

❷ 몸의 네 군데에 송곳으로 구멍을 뚫고, 고무관을 끼워 세워 본다.

❸ 고무관에 꼬치를 넣는다.

❹ 말을 다시 세워 본다.

고무관만 끼웠을 때는 말이 제대로 서지 못하지만 단단한 꼬치를 가운데에 넣으면 제대로 설 수 있지. 꼬치가 뼈의 역할을 했기 때문이야. 이렇게 뼈는 우리 몸의 형태를 잡아 주고 지탱할 수 있게 해 주지.

## ❷ 손가락이 구부러지는 이유는?

만약 손가락이 긴뼈 하나로 되어 있다면 어떻게 될까? 손가락이 잘 구부러지는 이유를 알아보자.

파스타는 뼈고 마시멜로는 물렁뼈야. 원통형 파스타는 구부러지지 않아. 계속 힘을 주면 부러지지. 연근 모양 파스타를 줄줄이 낀 것도 잘 구부러지지 않아. 그러나 사이사이에 마시멜로를 끼우면 잘 구부러지지. 손가락도 뼈와 뼈 사이의 관절에 물렁뼈가 있기 때문에 잘 구부릴 수 있는 거지.

차원이랑 함께하는 신기한 놀이

## ① 분자 모형 만들기

과일을 이용해 분자 모형을 만들어 볼까? 분자가 어떻게 만들어지는지 알 수 있지.

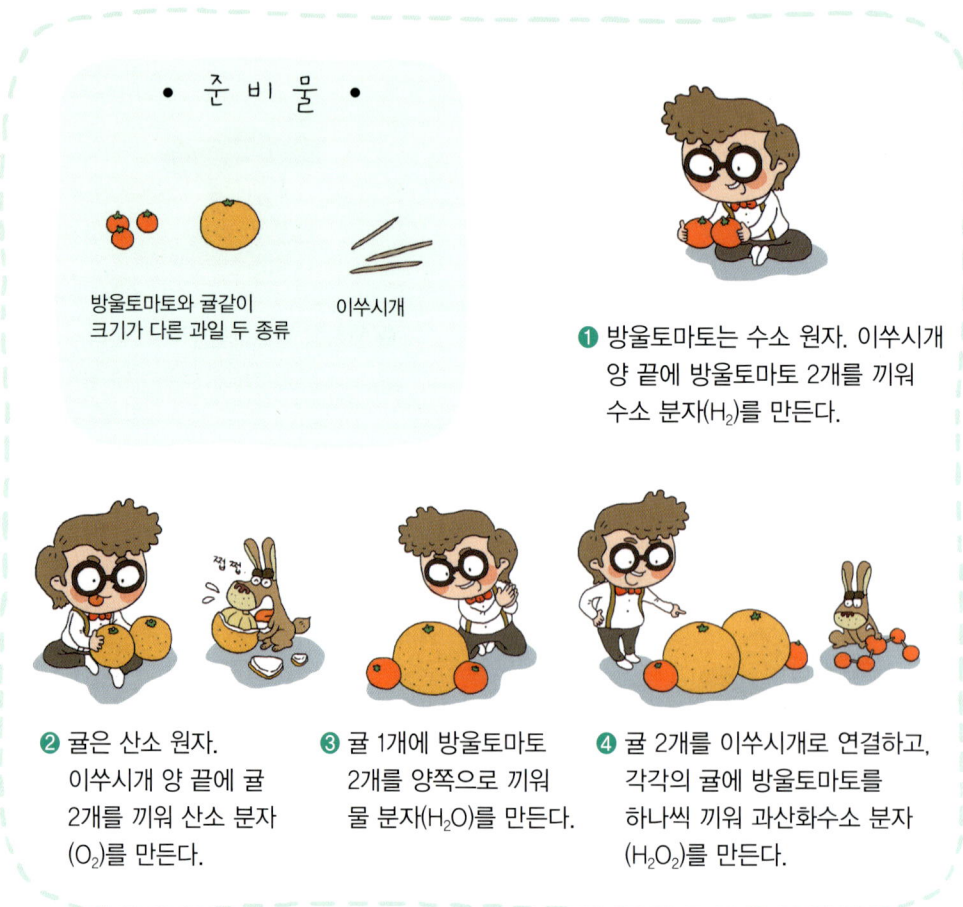

• 준비물 •
방울토마토와 귤같이 크기가 다른 과일 두 종류
이쑤시개

❶ 방울토마토는 수소 원자. 이쑤시개 양 끝에 방울토마토 2개를 끼워 수소 분자($H_2$)를 만든다.

❷ 귤은 산소 원자. 이쑤시개 양 끝에 귤 2개를 끼워 산소 분자($O_2$)를 만든다.

❸ 귤 1개에 방울토마토 2개를 양쪽으로 끼워 물 분자($H_2O$)를 만든다.

❹ 귤 2개를 이쑤시개로 연결하고, 각각의 귤에 방울토마토를 하나씩 끼워 과산화수소 분자($H_2O_2$)를 만든다.

같은 원자들이 모여 분자를 이루는 것도 있고, 다른 원자들이 모여 분자를 이루는 것도 있어. 또 원자의 종류가 같아도 개수가 다르면 다른 분자가 만들어져. 다양한 과일로 여러 가지 분자 모형을 만들어 봐.

## ❷ 분자끼리 섞여요

물 분자, 소금 분자, 설탕 분자를 섞어 볼까? 어떻게 될까?

겉으로 보면 물이나 소금물이나 설탕물이나 다 똑같아 보이지? 그런데 맛을 보면 어때? 물은 아무 맛도 안 나는데, 소금물은 짠맛이 나고 설탕물은 단맛이 나지. 물 분자 사이에 각각 소금 분자와 설탕 분자가 섞였기 때문이야.

하수랑 함께하는 신기한 놀이

## 1 GPS로 학교 가는 길 찾기

스마트폰에 장착된 GPS를 이용해 학교를 찾아가 보는 거야. 평소 자기가 다니던 길보다 더 빠른 길을 가르쳐 줄지도 몰라.

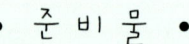

스마트폰

❶ 스마트폰 애플리케이션(앱) 중 길 찾기 앱을 다운받는다.

❷ 앱을 실행시키고 원하는 목적지로 자신의 초등학교 이름을 입력한다.

❸ 스마트폰 앱이 안내하는 대로 따라가 본다.

길 찾기 앱을 실행시키고 목적지를 입력하면 GPS가 작동돼. '경로를 탐색 중입니다'라고 뜨면서 내 위치와 목적지의 위치가 탐색되어 목적지까지 갈 수 있는 길을 가르쳐 주지. 걸어가면서 보면, 지도에 내 위치가 계속 새로 바뀌며 표시되는 것을 알 수 있어.

## ❷ 우리 동네 지도 그리기

GPS와 인터넷을 이용하면 우리 동네에 대한 여러 가지 정보를 얻을 수 있어. 그걸 이용해 나만의 동네 지도를 그려 보는 거야.

컴퓨터나 스마트폰을 이용해 자신의 동네 이름과 맛집 또는 병원 등을 검색하면 이름뿐 아니라 위치까지 지도에 표시돼. 그 위치를 그대로 동네 지도에 옮기면 우리 동네 맛집 지도, 우리 동네 병원 지도 등을 만들 수 있지.

 태산이랑 함께하는 신기한 놀이

## ① 전기 벌레 만들기

알루미늄을 이용해 전기가 통하는지, 안 통하는지 알아내는 전기 벌레를 만들어 볼까?

알루미늄 포일로 만든 더듬이를 여러 가지 물체에 대면 어떤 때는 불이 켜지고 어떤 때는 켜지지 않지? 전기가 잘 통하는 물체는 전기 회로가 완성돼 전구에 불이 켜지지만 전기가 통하지 않는 물체는 전기 회로가 중간에 끊겼기 때문에 전구에 불이 켜지지 않는 거야.

## ❷ 우드락 절단기 만들기

니크롬선을 이용해 우드락을 자르는 도구를 만들어 볼까? 위험하니까 꼭 어른과 같이 해.

• 준비물 •
니크롬선, 나무젓가락 2개, 건전지, 테이프, 전지 끼우개, 집게 전선, 우드락

❶ 나무젓가락의 갈라지는 부분에 니크롬선을 끼워 감는다.

❷ 젓가락의 밑부분을 전지 끼우개의 옆면에 테이프로 붙인다.

❸ 다른 옆면에 또 하나의 나무젓가락을 붙이고, 나무젓가락 사이에 니크롬선을 팽팽하게 끼워 감는다.

❹ 니크롬선과 전지 끼우개를 집게 전선으로 연결하고, 건전지를 넣는다.

니크롬선을 우드락에 대면, 어때? 깨끗하게 잘리지? 니크롬선은 전기 저항이 커서 전기가 흐르면 열이 많이 나. 그 열이 우드락을 녹이는 거야. 이때 니크롬선은 뜨거우니까 절대 손으로 만지면 안 돼. 또 쓰지 않을 때는 건전지를 빼서 전기가 흐르지 않게 해야 돼.

GPS 124, 130~133

**ㄱ**
갯벌 153
건전지 162
관절 42
광대뼈 축소술 25

**ㄴ**
나로 과학 위성 124
넓적다리뼈 23, 49, 50

**ㄷ**
당귀 80
등뼈 23, 49, 50

**ㅁ**
머리뼈 22, 50
메세레르 골절 41, 51
물렁뼈(연골) 42

**ㅂ**
백출 80
분자 83, 88
분자량 89
분자식 89
블랙박스 127, 132~133
비소 66, 91
비소 중독 61, 91
뼈 48

**ㅅ**
산딸기 150
삿갓외대버섯 152
성장판 49

**ㅇ**
아래턱의 각도 23, 50
알루미늄 165, 173
엉덩이뼈 22, 50
원자 83, 88
원자량 89
원자핵 170
위치 기반 서비스 132

**ㅈ**
전기 165, 170
전기 저항 165, 171
(전기 저항을 이용한) 전기 제품 172
전류 165, 170
전자 170
정강이뼈 23, 50
질량 분석기 84, 90
질량 분석법 83, 90

정부 기관 선정 **우수 도서상**을 많이 수상한 믿을 수 있는 시리즈!

# 신문이 보이고 뉴스가 들리는 재미있는 이야기 시리즈

와~ 재미있겠다!

**전 과목 교과학습, 시사상식, 논술대비까지 해결하는 통합교과학습서!**

전 과목 교과 지식과 함께 다양한 사회·세계 이슈를 소개하고, 이해하기 쉽게 설명합니다.
서술형 시험과 구술, 논술 시험에 필요한 배경 지식을 쌓고 통합 사고력을 키울 수 있습니다.

전 41권 | 각 권 12,000원

'환경부 우수환경도서' 선정 | '미래창조과학부 우수과학도서' 선정 | '법무부 추천 도서' 선정 | '문화체육관광부 우수교양도서' 선정
'아침독서 추천 도서' 선정 | '어린이문화진흥회 좋은 어린이책' 선정 | '소년한국 우수어린이도서' 선정 | '학교도서관 사서협의회 추천 도서' 선정
'한국출판문화산업진흥원 청소년 권장도서' 선정 | '한국어린이교육문화연구원 으뜸책' 선정 | 한우리가 선정한 좋은 책

# 사회와 추리의 만남
## 모든 사건의 열쇠는 사회 교과서에 있다!

### 대한민국 대표 어린이 추리 동화
〈어린이 과학 형사대 CSI〉를 잇는 또 하나의 시리즈,
**교과서 속 핵심개념**으로 사건을 풀어가는
'어린이 사회 형사대 CSI'의 이야기!

다섯 친구들이 펼치는 좌충우돌 형사 학교 이야기.
이제부터 사회 CSI와 함께 흥미진진한
사건들을 해결해 보자!

**사회 형사대 CSI 시즌 1 완간!**

❶ CSI, 탄생의 비밀 ❷ CSI, 힘겨운 시작 ❸ CSI에 도전하다 ❹ CSI, 파란만장 적응기
❺ CSI, 위기에 처하다 ❻ CSI, 경찰서 실습을 가다 ❼ CSI, 영국에 가다
❽ CSI, 정치 사건을 해결하다 ❾ CSI, 멋진 친구들! ❿ CSI, 새로운 시작!